Inhalt

2   Wie konnte ich die Aufgaben
    im Kapitel lösen?

3   In der Schule

4   Wie lernen wir miteinander
    und voneinander?
6   Wie können wir gut zusammen leben?
8   Wege zur Schule
10 Freundeseite: Kinder im Straßenverkehr

11 Im Herbst

12 Laubbäume
14 Kennst du Bäume und Sträucher?
16 Freundeseite: Bäume und Sträucher
    in den Jahreszeiten

17 Miteinander leben
18 Meine Heimat – deine Heimat
20 Freundeseite: Aus alten Zeiten

21 Im Winter

22 Wir beobachten Vögel –
    der Haussperling
24 Das Wetter beobachten –
    Temperaturen messen
26 Geschmückte Weihnachtsbäume
28 Freundeseite:
    Experimentieren mit Eis und Schnee

29 Das tut mir gut

30 Gesund essen und trinken
32 Ich pflege meinen Körper
34 Meine Sinne
36 Mädchen und Jungen
38 Freundeseite: Alle sollen mitmachen

39 Im Frühling

40 Pflanzen und Tiere auf der Wiese
42 Freundeseite: Wiesen nutzen
    und erhalten

43 Mit Tieren leben

44 Tiere in Bäumen und Sträuchern
46 Katzen als Haustiere
48 Freundeseite: Viele Heimtiere

49 Wir lernen Räume kennen

50 Unser Klassenraum als Modell
52 Im Schulgelände – Was ist wo?
54 Ein Plan unserer Schulumgebung
56 Die Aufgaben von Feuerwehr und Polizei
58 Aufmerksam unterwegs
60 Freundeseite: Auf der Straße
    sehen und hören

61 Zeit und Medien

62 Festtage im Jahr
64 Wir nutzen Medien
66 Freundeseite: Wir lernen mit Medien

67 Im Sommer

68 Wir experimentieren mit Wasser
    und Gegenständen
70 Wir untersuchen Stoffe
72 Wir trennen unseren Müll
74 Was Luft alles kann
76 Wie entstehen Geräusche,
    Töne und Klänge?
78 Freundeseite: Angenehme und
    unangenehme Geräusche

79 Sachwissen
80 In der Schule
81 Im Herbst
82 Miteinander leben
83 Im Winter
84 Das tut mir gut
86 Im Frühling
88 Mit Tieren leben
89 Wir lernen Räume kennen
91 Zeit und Medien
92 Im Sommer
95 Zum Ausschneiden
96 Übersicht zur Lehrplanpassung

Wie konnte ich die Aufgaben im Kapitel lösen?

Aufgaben im Kapitel:	ohne Mühe	mit etwas Mühe	mit viel Mühe
In der Schule			
Im Herbst			
Miteinander leben			
Im Winter			
Das tut mir gut			
Im Frühling			
Mit Tieren leben			
Wir lernen Räume kennen			
Zeit und Medien			
Im Sommer			

Eigenes Arbeitsverhalten reflektieren und einschätzen: Innerhalb der Kapitel nach jeder Aufgabe Kreis ausmalen,
mit wie viel Mühe/Anstrengung die Aufgabe verbunden war (unabhängig von Richtigkeit, Sorgfalt o. ä.); am Kapitelende
die Anzahl der Bewertungen derselben Farbe zusammenzählen und auf dieser Seite in die Übersicht eintragen; darüber sprechen

In der Schule

In der Schule lernen wir voneinander und miteinander.
In den Pausen spielen wir zusammen.
Damit wir uns alle in der Schule wohlfühlen, schmücken wir
unsere Klassenzimmer und die ganze Schule.

Schön schreiben!

1 Meine Schule heißt:

2 Was magst du in deiner Schule?

Einstieg in das Kapitel mit Hilfe des Bildes und des Textes: Was tun die Kinder in der Pause?;
das Bild beschreiben; über den Wechsel von Arbeitsruhe und Bewegung sprechen; die Fähigkeit des konfliktfreien
Umgangs miteinander entwickeln; Was brauchen Kinder, um gut zu lernen und sich in der Schule wohlzufühlen?

S. 2

3

Wie lernen wir miteinander und voneinander?

1 Was lernen die Kinder voneinander? Sprecht darüber.

2 Oben im Bild lernen Kinder allein oder zusammen.
Was lernst du am besten allein, was zusammen?

allein ▸

▸

mit Partnern ▸

▸

in der Gruppe ▸

▸

3 Erkläre deine Beispiele.

Inhalte und Organisationsformen des Lernens analysieren; Einzel-, Partner- und Gruppenlernen bewerten,
Informationsquellen und das Sammeln elementarer Erfahrungen durch sinnliches Wahrnehmen benennen
(die Zapfen anschauen, die Nadelspitzen fühlen, Baumformen auf dem Bildschirm betrachten …)

S.2

4 Findet Regeln für eure Gruppenarbeit.

Wir besprechen ▸

▸

> Wollen wir zusammen arbeiten?

> Wer macht was?

Wir besprechen ▸

▸

Wir teilen uns ▸

Wir arbeiten ▸

Wir ▸

▸

> Kannst du uns helfen?

Die Ergebnisse ▸

▸

> Wer prüft die Arbeitsergebnisse?

Regeln für die Gruppenarbeit finden: mit mehreren Partnerinnen oder Partnern arbeiten; beraten, wie man zusammenarbeiten möchte, die Zeit gut einteilen, jeder bearbeitet seine ihm zugeteilte Aufgabe in der Gruppe, bei Unklarheiten andere Gruppenmitglieder um Hilfe bitten, nach der Selbst- oder Fremdkontrolle die Zusammenarbeit in der Gruppe und die eigene Arbeit einschätzen

5

Wie können wir gut zusammen leben?

1 Wie verhalten sich die Kinder?

2 Trage die Bildnummern ein.

    Ich helfe anderen.

    Ich tue keinem weh.

    Ich nehme anderen nichts weg.

    Ich schubse andere nicht.

    Ich beachte Regeln: in der Schule, auf der Straße …

Kein Spiel

ohne R…!

3 Schreibe zu Bild **5** eine Regel.

MERKE DIR!

Wir wollen überall gut zusammen leben: in der Klasse,
in der Schule, in der Familie, beim Sport, im Straßenverkehr …

Dabei helfen ▸ R_____ .

Bilder betrachten, Verhalten einschätzen und Lösungen erklären: Erste Hilfe leisten und trösten;
das Eigentum anderer achten; für die eigene Sicherheit sorgen; Konflikte durch Gespräche lösen;
selbst für Sauberkeit sorgen, um den Ordnungsdienst zu entlasten

 S. 2

4 Die Kinder streiten. Wie fühlt sich Max?
Kreuzt passende Wörter an. Schreibt noch zwei Wörter dazu.

> Ich will auch mal an den Computer.

> Ich kann das aber am besten.

> Du Angeber!

▸ _____

▸ _____

| erfreut ☐ | enttäuscht ☐ | hilflos ☐ | wütend ☐ |

| cool ☐ | glücklich ☐ | stolz ☐ | traurig ☐ |

5 Was können Anna, Max und Hannes sagen, damit der Streit endet?
Schreibe jeweils einen Satz auf.

▸ _____

▸ _____

▸ _____

6 Spielt vor, wie Anna, Max und Hannes sich wieder vertragen könnten.

MERKE DIR!

Bei einem Streit soll es keine Sieger und Verlierer geben.
Alle reden ruhig miteinander und finden eine Lösung.

Über die Streitsituation sprechen; darüber nachdenken, wodurch sie entstanden ist, wer wem etwas vorenthält oder wer sich verletzt fühlt; über Konfliktlösungen nachdenken, dafür Strategien entwickeln – für unterschiedliche Interessen und Anliegen vorteilhafte Lösungen suchen

S.2

7

Wege zur Schule

1 Drei Kinder sind auf dem Weg zur Schule.

 Sascha und Ina gehen zu Fuß. Sofie fährt Fahrrad.
Umkreise die drei Kinder im Bild in der passenden Farbe.

2 Male die Schulwege der Kinder farbig in das Bild:

 🟥 SASCHA   🟦 INA   🟩 SOFIE

| SASCHA wohnt hinter der Bäckerei. | 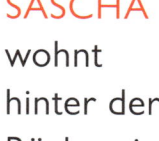 | INA wohnt über dem Modeladen. |  | SOFIE wohnt am Bahnhof. |  |

3 Wo müssen die 3 Kinder besonders aufpassen?
 Male dort ein ❗ in das Bild.
 Sprich dann darüber.

Auf der Schrägbilddarstellung Gebäude und Verkehrszeichen erkennen und benennen, dabei Lagebeziehungen erklären; die unterschiedlichen Wege der Kinder zur Schule beschreiben; Stellen benennen, an denen die Kinder besonders aufpassen müssen

 S. 2

4 Male die vier Verkehrszeichen aus.
Schreibe auf, in welcher Straße sie stehen.

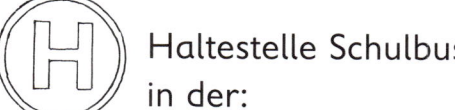 Haltestelle Schulbus
in der:

▶ Hauptstraße

Zebrastreifen
in der:

▶ B

 Getrennter Rad-
und Gehweg in der:

▶ L

 Gemeinsamer Rad-
und Gehweg in der:

▶ H

5 Was musst du auf deinem Schulweg besonders beachten?

Dieses Verkehrszeichen	Das darf mich nicht ablenken

Diese Gefahrenstelle

Bei Gefahr klingeln!

Verkehrszeichen erfassen, interpretieren und ausmalen; die Straßennamen aufschreiben, an denen bestimmte Verkehrszeichen zu sehen sind; auf dem eigenen Schulweg wichtige Verkehrszeichen, Gefahrenstellen und Ablenkungsmöglichkeiten bewusst wahrnehmen, malen und aufschreiben

 **S. 2, 16**

9

Lies auf Seite 80 nach.

Bearbeite Seite 2.

Kinder im Straßenverkehr

1 Was tun die Kinder? Beschreibe.

2 Schreibe zum Bild oben eine Verkehrsregel.

▸

▸

▸

3 Schulwege für Kinder sollen in der Zukunft sicherer werden.
Was würdest du dafür erfinden?
Male und schreibe auf ein Blatt Papier.

Das ist meine Verkehrs-Sicherheits-Brille!

Auf dem Bild bewerten, welches Verhalten der Kinder sie gefährden kann (am Straßenrand Ball spielen, die Straße neben dem Fußgängerüberweg überqueren, auf dem Überweg Skateboard fahren, auf dem Radweg rollern, auf der Straße Rad fahren); Verkehrsregeln notieren; zukunftssichere Schulwege zeichnen, beschreiben

S. 2, 16

Im Herbst

Der Igel sucht sich ein Winterversteck.
Die Laubblätter färben sich gelb, rot und braun.
Wir ernten Obst.
Die Tage und Nächte werden kühler.

 1 Was macht der Igel im Herbst?
Male die fehlenden Bilder.

Unter einem  liegen viele  .

Die [   ] scheint und wärmt noch ein wenig.

Am Himmel sind nur wenige [   ] .

Der [   ] frisst einige Schnecken und ein Stück [   ] .

Dann krabbelt er in die [   ] .

Einstieg in das Kapitel mit Hilfe des Bildes und des Textes: Den Körperbau des Igels beschreiben: Kopf langgestreckt und flach, Stacheln am Rücken und an den Flanken, Gesicht mit Fell bedeckt (nicht sichtbar: Fell an Bauch und Beinen, kurzer Stummelschwanz, vier kurze Beine mit scharfen Krallen); Lebensweise des Igels im Herbst aus dem Text herausarbeiten

S. 2, 3, 16

11

Laubbäume

1 Das ist ein Laubbaum. Beschrifte die Teile.

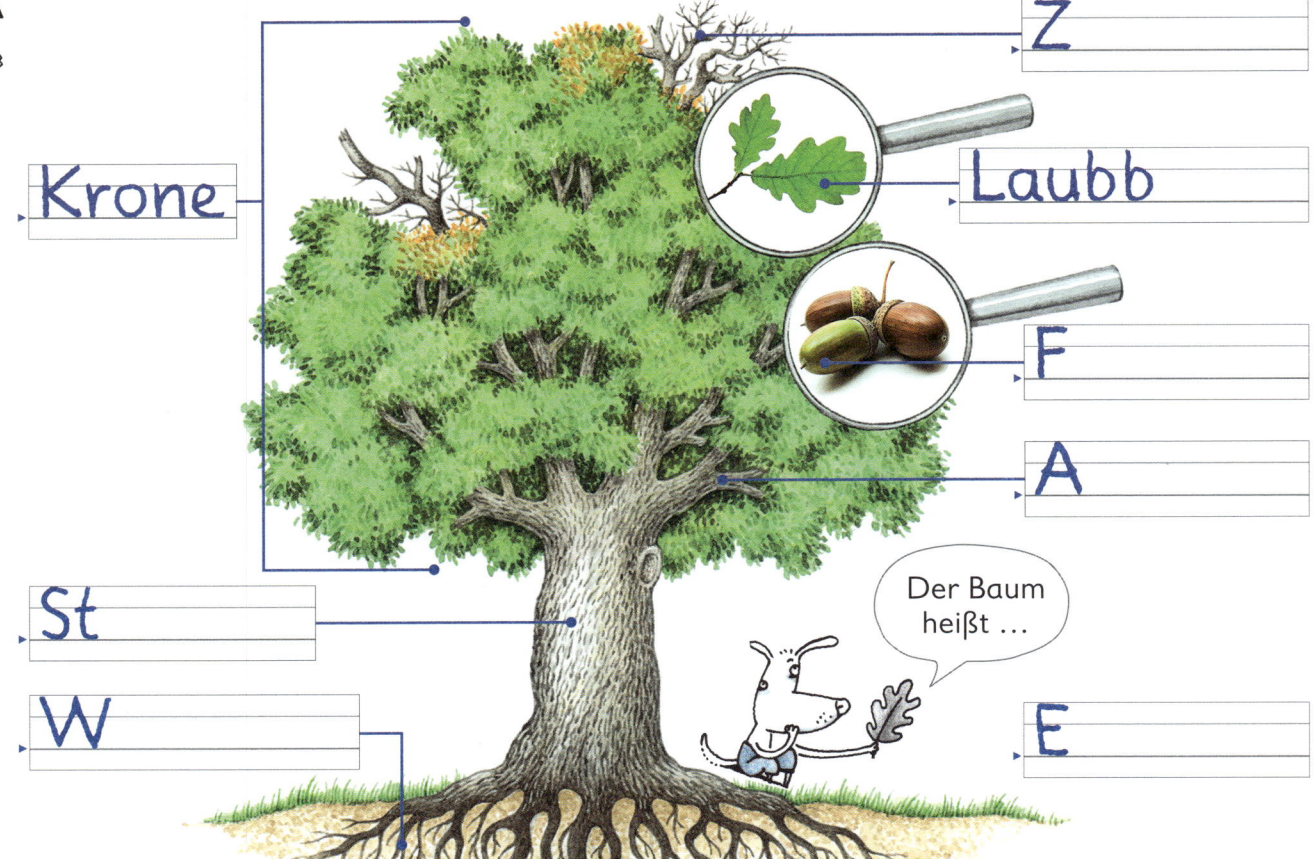

Krone

Z

Laubb

F

A

St

W

Der Baum heißt ...

E

2 Von welchen Bäumen sind diese Blätter?

K

L

A

3 Legt eine Sammlung von Laubblättern an.
Lest dazu im Wegweiser auf Seite 4 und 5 nach.

Den Aufbau eines Laubbaumes am Beispiel der Stieleiche erfassen, seine Teile beschriften; originale Laubblätter mit Abbildungen vergleichen; Blätter wiedererkennen; an Beispielen die Vielfalt von Blattformen erkennen; eine Blattsammlung anlegen

S. 2, 4, 5

4 Ein Kastanienbaum verändert sich im Jahr.
Schreibe zu jedem Bild die Jahreszeit.

1

2

W

3

4

5 Zeichne Pflanzenteile des Kastanienbaumes. Male sie aus.

Knospe	Blüte
1	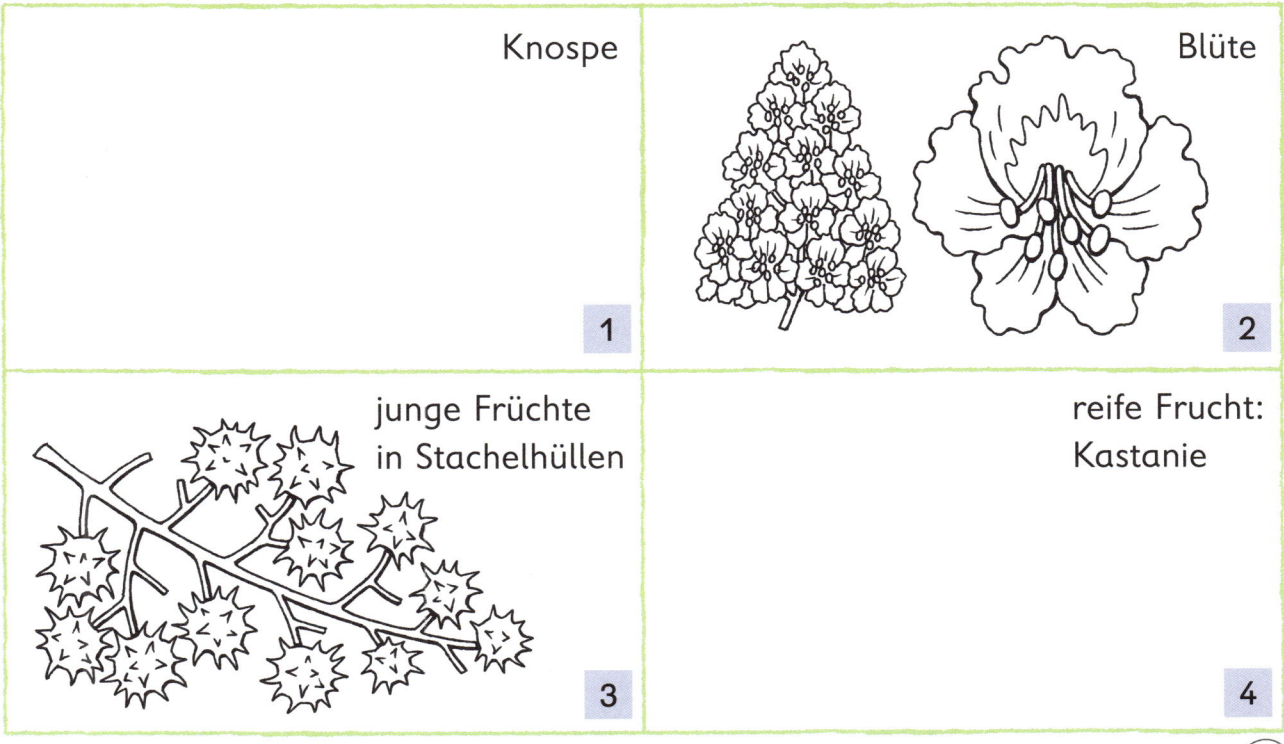 2
junge Früchte in Stachelhüllen 3	reife Frucht: Kastanie 4

Die Teile des Kastanienbaums im Jahreslauf anhand der Fotos beschreiben, nachzeichnen; wenn möglich, eine Langzeitbeobachtung beginnen, um Bäume im Wechsel der Jahreszeiten mehrsinnig zu erleben und zu fotografieren; Zusammenhänge zwischen Wetter und Entwicklung finden; Knospe, Blüte, Blatt, Frucht als Erkennungsmerkmale festigen

S. 2, 4, 5, 16

Kennst du Bäume und Sträucher?

1 Wie heißen diese Bäume? Schreibe ihre Namen.

Seite 95

Seite 95

K

L

Seite 95

Seite 95

F

K

2 Klebe die fehlenden Bilder in Aufgabe **1** ein.

3 Warum schützen wir Bäume?
Lies und schreibe deine Idee.

MERKE DIR!

Wir schützen Bäume, weil sie …

… unsere Umwelt schöner machen.

… uns Schatten geben.

… die Luft verbessern.

… .

Ausgewählte Laub- und Nadelbäume der Schul- und Wohnumgebung erkennen und benennen; verschiedene Laubblätter/Nadeln und Früchte/Zapfen den entsprechenden Bäumen zuordnen; begründen, warum wir Menschen Bäume schützen

S. 2, 4

4 Kreuze an, welche Teile die Bäume haben.
 Vergleiche Laubbaum und Nadelbaum.

Teile eines Baumes

Teile	Laubbaum	Nadelbaum	
Stamm und Wurzeln	X	X	
Äste			
Zweige			
Laubblätter			
Nadeln			
Blüten			
Zapfen mit Samen			
Früchte mit Samen			

5 Erforsche den Nutzen der Sträucher Schlehe und Brombeere.

Schlehe

Nutzen:

Brombeere

Nutzen:

6 Suche einen Strauch und einen Baum in deiner Schulumgebung.
 Male und vergleiche sie.

Teile von Laub-und Nadelbäumen durch Ankreuzen benennen und vergleichen; Baumteile in Bildern erkennen; Sträucher erkennen und ihren Nutzen benennen (Unterschlupf, Nahrung für Tiere, Schattenspender, Saft- oder Marmeladenherstellung); Baum und Strauch malen

 S. 2, 4

15

Lies auf Seite 81 nach.

Bearbeite Seite 2.

Bäume und Sträucher in den Jahreszeiten

1 Bäume und Sträucher verändern sich in den Jahreszeiten.
Beobachte in der Natur.

Eine Eiche in den Jahreszeiten

| Frühling | Sommer | Herbst | Winter |

2 Schreibe die Jahreszeit zu den Fotos.

Forsythie im
F

Schlehe im
W

Brombeere im
S

Fichte im
W

Brombeere im
F

Buche im
H

3 Wie heißen die Sträucher? Löse die Rätsel.

Vögel fressen gern ihre kleinen roten Beeren.

V

Sie ist sehr giftig. Sie hat grüne Nadeln und rote Früchte.

E

Das Aussehen eines Baumes im Jahreslauf beschreiben; die Veränderungen ausgewählter Bäume und Sträucher in den Jahreszeiten beobachten; den Bau von Bäumen und Sträuchern vergleichen

 S. 2, 4, 16

Miteinander leben

Überall auf der Welt leben Jung und Alt in Orten zusammen.
Vielen nennen ihren Wohnort auch Heimatort. Sie fühlen sich dort wohl.
Manche Menschen ziehen aus einem Ort weg.
Andere kommen aus fremden Orten oder Ländern
in einen neuen Wohnort. Sie wollen dort zu Hause sein.

1 Mein Heimatort heißt: Das Wappen meines Ortes:

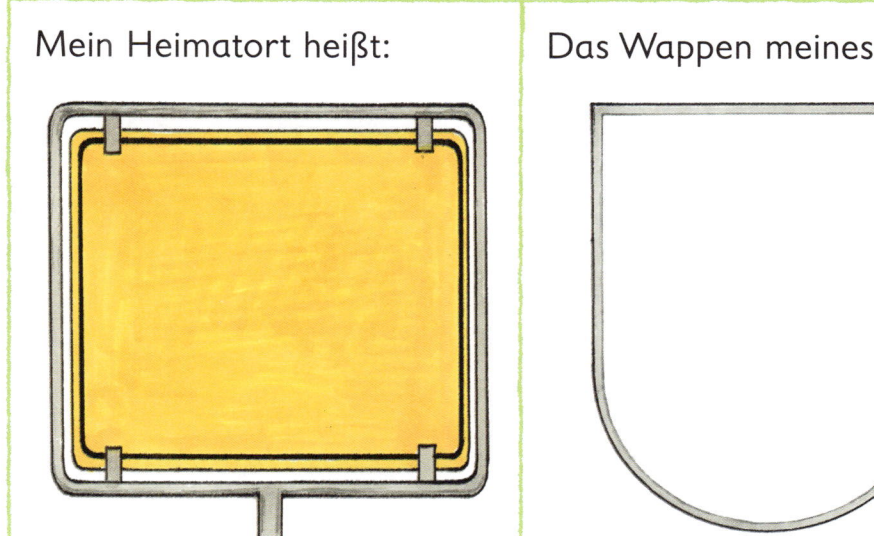

Wenn dein Ort kein Wappen hat, dann erfinde eines!

Einstieg in das Kapitel mit Hilfe des Bildes und des Textes: die Bildsituation beschreiben; erkennen, dass Ältere
und Jüngere voneinander und miteinander lernen können; sich über den Nutzen des Internets austauschen;
Name des Heimatortes aufschreiben; Wappen des Ortes herausfinden und malen oder ein neues Wappen erfinden

 S. 2, 3

17

Meine Heimat – deine Heimat

 1 Erzähle über deinen Wohnort.
Das Bild gibt dir dazu Ideen.

Meine Heimat ist dort, wo es nach Bratwurst riecht.

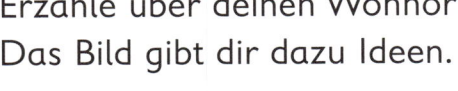
Der Ort, an dem ich mich wohl fühle, heißt ...

Diese Menschen habe ich gern, weil ...

Ich mag besonders ...

Darauf bin ich stolz ...

Das wünsche ich mir anders ...

Ich liebe ...

MERKE DIR!

 2 Viele Menschen lieben einen Ort, eine Gegend oder ein Land.
Sie leben dort mit ihrer Familie und ihren Freunden.
Sie fühlen sich dort Zuhause.
Deshalb nennen sie diesen Ort, H _____ .

t m
ei H
a

3 Sucht ein Lied oder ein Gedicht über Orte,
 Landschaften oder eine Besonderheit in Thüringen.
Lernt es und tragt es den anderen vor.

Einen Ort oder eine Region bewusst wahrnehmen; den Begriff Heimat kennenlernen; eigene Erlebnisse und
Erfahrungen aus der Heimat einbringen, durch Kenntnis der eigenen Heimat auf die Heimat anderer Menschen
neugierig werden

18

 S. 2, 3

4 Stelle deinen Wohnort vor: Male, schreibe und klebe Bilder ein.

Das ist ein besonderer Platz
in meinem Ort.

▸ _____

Das ist eine Sehenswürdigkeit
in meinem Ort.

▸ _____

Hier bin ich oft
in meiner Freizeit.

▸ _____

Das hat sich im letzten Jahr
in meinem Ort verändert.

▸ _____

Dieser Mensch aus meiner
Umgebung ist sehr bekannt.

▸ _____

Das ist ein Brauch, den ich
von zu Hause kenne.

▸ _____

5 Tauscht euch aus:

Ich fühle mich an verschiedenen Orten wohl.

Sind sie alle meine Heimat?

Räume erschließen, seinen Heimatort vorstellen (Plätze, Sehenswürdigkeiten, Freizeitorte ...); ein Gefühl der Zugehörigkeit
und des Geborgenseins in der Heimat entwickeln; durch Kenntnis der eigenen Heimat auf die Heimat anderer Menschen
neugierig werden; Philosophieren über die Frage, was Heimat ist (Flüchtling, Migration, Mobilität der Eltern)

S.2   19

Freundeseite

Lies auf Seite 82 nach.

Bearbeite Seite 2.

Aus alten Zeiten

1
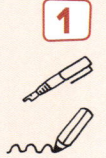

Früher trug das Brautpaar
in Thüringen zur Hochzeit eine besondere Tracht.
Male sie aus.

Die Tracht der Braut:

Die Tracht des Bräutigams:

- Haube
- Blumenschmuck
- besticktes Mieder
- Faltenrock
- Schuhe

- Dreispitz
- Halstuch
- Weste
- Rock
- Kniebundhose
- Strumpfband
- Schuhe

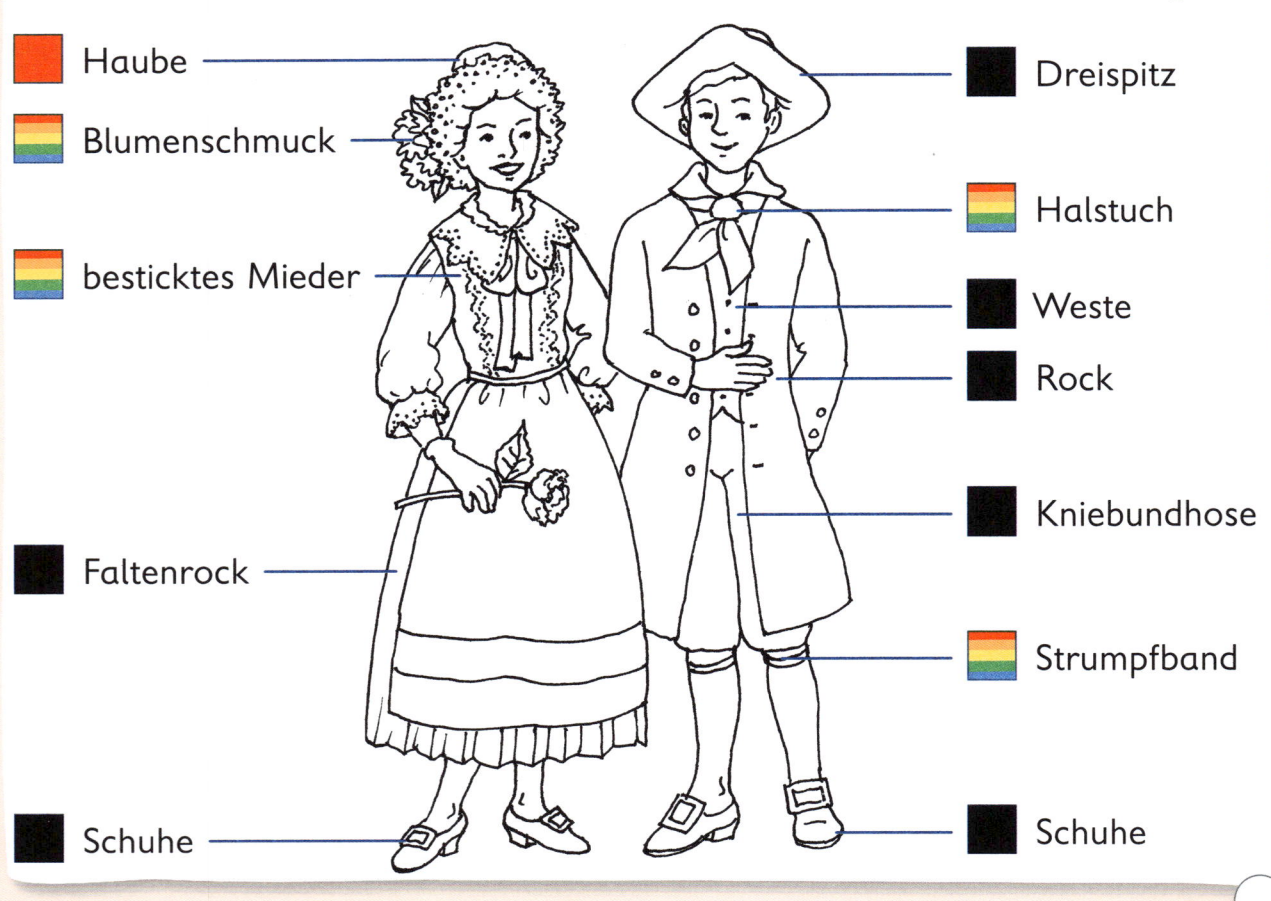

2

„Hüpf-Kästchen":
Spielt das Spiel
in der Pause.
Erfindet neue Spielregeln.

3

Sucht in Büchern oder im Internet
nach Sagen über Thüringen.
Erzählt sie nach.

Tracht als regionale Tradition bei Festen begreifen (Hochzeitstracht aus dem Unstrut-Heinich-Kreis);
Achtung vor dem Leben früherer Generationen gewinnen; ein altes Spiel kennenlernen und spielen;
durch Erzählungen etwas Altes aus Thüringen (lokal oder regional) kennenlernen

S. 2, 3

Im Winter

Das Eichhörnchen sucht Nahrung.
Es ist kalt. Abends wird es früh dunkel.
Manchmal liegt Schnee.
Wir feiern schöne Feste mit vielen Lichtern: Advent …

1 Was kannst du im Winter draußen nicht beobachten?
👁 Streiche die Bilder durch.

Einstieg in das Kapitel mit Hilfe des Bildes und des Textes: Die Bildsituation beschreiben (Eichhörnchen unterbricht seine Winterruhe, um nach Futter zu suchen.); den Körperbau des Eichhörnchens beschreiben, über seine Lebensweise sprechen; über die Jahreszeit Winter erzählen

S. 2, 3, 16

21

Wir beobachten Vögel – der Haussperling

Den Sperling nennen wir auch Spatz.

1 Im Winter kannst du am Vogelhaus den Haussperling beobachten. Beantworte die Fragen.

- Wie groß ist er?

- Wie sehen das Gefieder, der Schnabel und der Körper aus?

- Fliegt oder sitzt er?

- Was frisst er?

- Wann plustert er sein Gefieder auf?

- Singt er?

2 Was machen die Sperlinge auf den Bildern? Verbinde jedes Bild mit einem Satz.

Die Sperlinge trinken aus einer Pfütze. Dort baden sie.

Die Sperlinge picken nach Samen und Körnern auf dem Boden.

Bei Wind und Kälte plustern die Sperlinge sich auf. So frieren sie nicht.

Ein Sperling schaut aus seinem Nest heraus. Dort schläft er auch in der Nacht.

Haussperling als ausgewählten Standvogel beschreiben: Aussehen, Lebensweise im Winter; Ernährung, Sozialverhalten, Hygiene, Lebensraum

 S. 16

3 Den Haussperling kannst du das ganze Jahr beobachten.

Lies den Text und ergänze die Sätze.

Im Februar sucht der   einen Platz zum Brüten.

Das ▸ Paar baut ein ▸ Nest aus  .

Im April legt das Weibchen Eier.

Im  liegen ▸ Eier .

Die   brüten abwechselnd etwa **2** Wochen.

Die Eltern füttern die  mit  .

Im Mai suchen die kleinen  selbst ihr ▸ Futter .

Nun brüten die   wieder.

Im Sommer lernen die kleinen Vögel von ihren Eltern.

Im Oktober schützt das 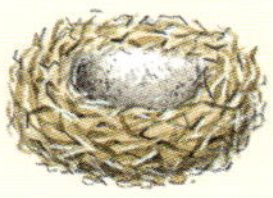 die  vor dem ▸ Wetter .

Die Jungvögel suchen sich eigene ▸ Ruheplätze .

4 Gestaltet ein Plakat: So helfen wir Sperlingen.

Denke an Wohnung, Futter …

Sucht Informationen in Sachbüchern oder im Internet.

Lebensweise des Haussperlings (= Spatz) in verschiedenen Jahreszeiten beschreiben;
Vogelschutzmaßnahmen kennenlernen, benennen und begründen.

S. 2, 3

23

Das Wetter beobachten – Temperaturen messen

Wetterkarten liest du mit den Wetterzeichen.
Temperaturen zeigen an, wie warm oder kalt das Wetter ist.
Wir messen sie mit einem Thermometer.
Ein Thermometer zeigt die Temperatur in Grad Celsius an: °C.

+ 21 °C

1 Male diese drei Wetterzeichen in die Tabelle:
Beschreibe alle Zeichen.

Bewölkung: Scheint die Sonne?			Niederschlag: Was kommt aus den Wolken?		
wolkenlos	wolkig	bedeckt	Regen	Schnee	Hagel
☀	⛅				⛈

2 Beobachtet das Wetter täglich zur gleichen Zeit. Malt Wetterzeichen in die Tabelle. Lest von einem Thermometer die Temperaturen ab.

Wetterbeobachtung:

Woche vom _____ bis _____ Uhrzeit: [__ : __]

Tag	Mo	Di	Mi	Do	Fr
Datum					
Bewölkung					
Niederschlag					
Temperatur	°C	°C			

Wettersymbole in der Wettertabelle verwenden; Temperaturen ablesen, eintragen; über Tabellenvarianten
je nach Zweck sprechen; beachten, dass Wettersymbole unterschiedlich dargestellt werden;
Eintragungen auswerten, Ergebnisse mit Wettervorhersagen in Medien vergleichen

S. 2, 3, 6, 16

3 Messt an zwei Tagen die Temperatur im Raum und im Freien.

Wir messen die Temperaturen

Uhrzeit	10:00 Uhr			
Datum	Tag 1: _____		Tag 2: _____	
Ort	Klassenraum	Schulhof	Klassenraum	Schulhof

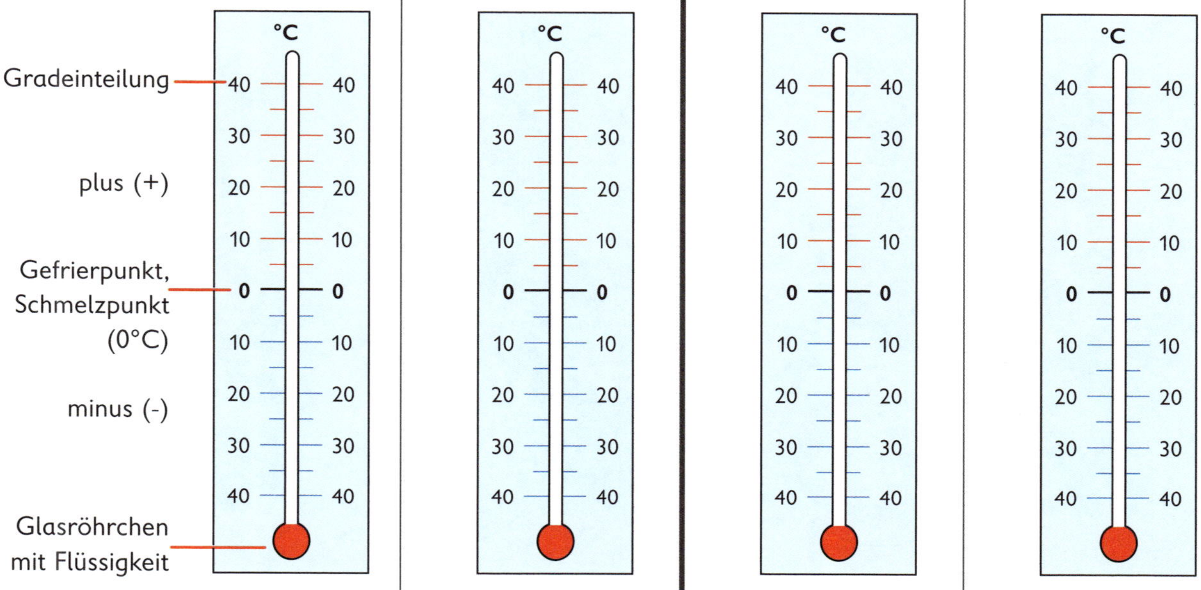

Gradeinteilung — °C 40 — 40 / 30 — 30 / plus (+) 20 — 20 / 10 — 10 / Gefrierpunkt, Schmelzpunkt (0°C) — 0 — 0 / 10 — 10 / minus (–) 20 — 20 / 30 — 30 / 40 — 40 / Glasröhrchen mit Flüssigkeit

4 Vergleicht die Temperaturen von Schulhof und Klassenraum.
Erklärt eure Ergebnisse.

5 Welche Thermometer gibt es?
Gestalte eine Übersicht auf einem Blatt Papier.

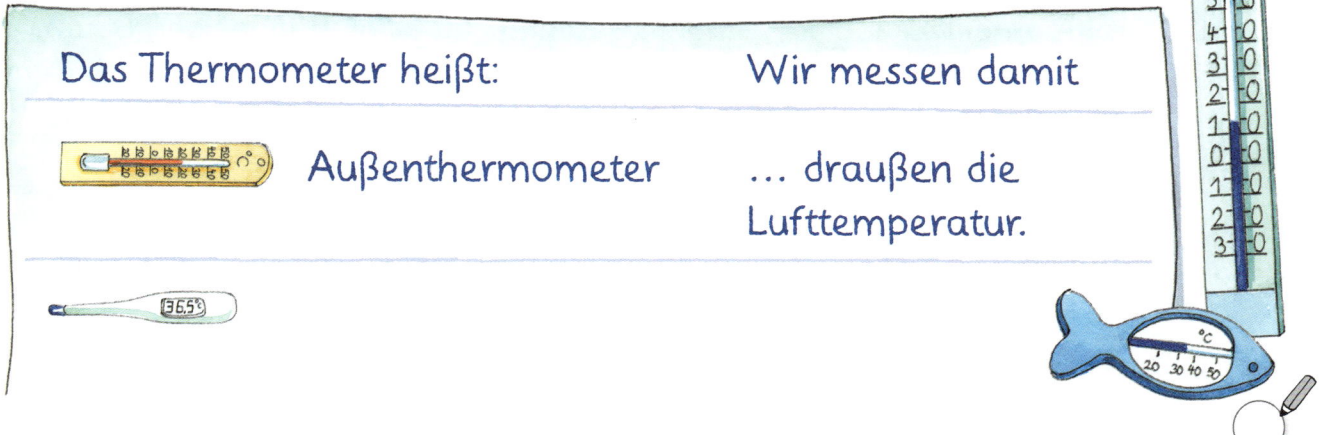

Das Thermometer heißt:	Wir messen damit
Außenthermometer	... draußen die Lufttemperatur.

Temperaturen mit dem Thermometer messen, den Flüssigkeitsstand in die Thermometerbilder eintragen; Temperaturen vergleichen; Nutzen von Temperaturmessungen begründen (Kleidungswahl, Vorsicht bei Kälte und Glätte ...); Name und Verwendung unterschiedlicher Thermometer in einer Tabelle übersichtlich dokumentieren und vergleichen

S. 7, 16

25

Geschmückte Weihnachtsbäume

Zum Weihnachtsfest gehört ein geschmückter Weihnachtsbaum.
Diese alte Gewohnheit nennt man Brauch.

Wir haben eine Fichte und ihr?

1 Betrachtet die Weihnachtsbäume.
Wie sind sie geschmückt? Findet Unterschiede.

A Walnüsse

B Lametta

C selbst gebastelte Engel

2 Lies die Texte. Welcher Text gehört zu Baum A , B , C ?
Trage den Buchstaben ein.

Aus dem Ort Lauscha
in Thüringen kamen
die ersten Glaskugeln.
L… sollte an glitzernde
Eiszapfen erinnern.

Diesen Baum
haben Kinder
mit gebastelten
Engeln geschmückt.
Die … leuchten.

Früher hingen
am Baum Äpfel …
Nach dem Fest plünderten
die Kinder den Baum.
Sie aßen …

3 Womit schmückt ihr zu Hause den Weihnachtsbaum?

Weihnachten als religiöses Fest begreifen; geschmückte Nadelbäume als weihnachtlichen Brauch benennen
und beschreiben; von eigenen Festerlebnissen rund um Weihnachten berichten und schreiben

S. 2, 3

4 Lies den Text.
 Unterstreiche den Weihnachtsbaum-Schmuck.
Male den Schmuck auf ein Blatt Papier.

Vor 160 Jahren schmückte man die Weihnachtsbäume
mit Gebäck, Süßigkeiten, Äpfeln und Walnüssen.
Eine alte Geschichte erzählt:
Ein armer Glasbläser aus Thüringen hatte dafür kein Geld.
Er hatte aber eine Idee: Er blies aus Glasstäben
farbige Weihnachtskugeln.
Bald schmückten immer mehr Menschen
ihre Weihnachtsbäume mit solchen Glaskugeln.
Auch heute gibt es noch Glasbläser.
Die meisten Kugeln werden heute aber von Maschinen hergestellt.

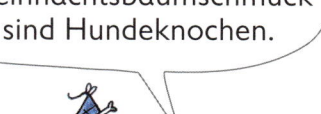
Mein liebster Weihnachtsbaumschmuck sind Hundeknochen.

5 Lies die Arbeitsschritte des Glasbläsers.
 Ordne die Texte den Bildern zu.

1 Der Glasbläser erhitzt einen hohlen Glasstab
an einem Ende. Wenn das Glas rot glüht,
bläst er vorsichtig in das kalte Ende des Glasrohrs.
Allmählich entsteht eine Kugel.

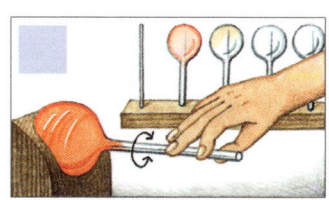

2 Er misst die Größe der Kugel
mit einer Schablone aus Holz.
Ist die Kugel groß genug,
steckt er sie auf einen Ständer.

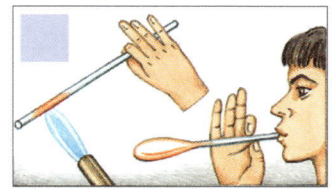

3 Der Glasbläser färbt die Kugeln
innen mit silberner Farbe.

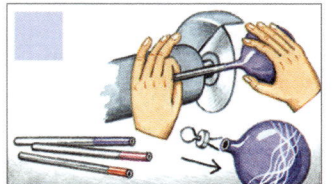

4 Der Glasbläser bemalt außen
die Kugeln mit der Hand.

5 Zum Schluss entfernt er das Glasrohr
von der Kugel. In das Loch steckt er
eine Metallklammer zum Aufhängen der Kugel.

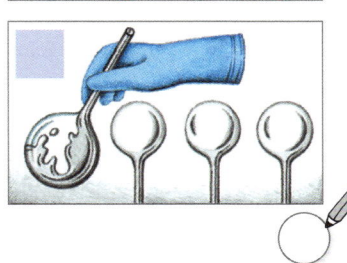

Die Entstehungsgeschichte der Weihnachtsbaumkugel als regionales Produkt Thüringens verstehen; Weihnachtsbaumkugel als traditioneller Gegenstand für das Weihnachtsfest begreifen; Beruf des Glasbläsers kennenlernen; Einblick in
einen Arbeitsablauf gewinnen in Bezug auf Materialien, Werkzeuge, Maschinen, Arbeitsschritte und -ergebnis

 **S.2, 3**

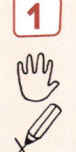
Freundeseite

Lies auf Seite 83 nach.

Bearbeite Seite 2.

Experimentieren mit Eis und Schnee

1  **Was passiert mit dem Eis?**

Ihr braucht:
Becher, Wasser, Eiswürfel

Geht so vor:
- Gebt Eiswürfel in den Becher.
- Füllt ihn bis zum Rand mit Wasser.

Ergebnis:

☐ Alle Eiswürfel schmelzen langsam.

☐ Das Wasser im Becher gefriert zu einem Block aus Eis.

☐ Das Wasser im Becher läuft über.

2 **Wann schmilzt Schnee am schnellsten?**

Ihr braucht:

drei Schüsseln, Wasser, drei Schneebälle, Thermometer

Geht so vor:
- Messt die Wassertemperatur in den drei Schüsseln. Tragt sie ein.

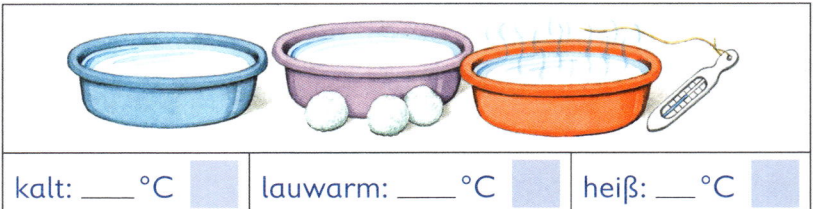

kalt: ____ °C ☐   lauwarm: ____ °C ☐   heiß: ____ °C ☐

- Legt gleichzeitig in jede Schüssel einen Schneeball.
- Vermutet: In welcher Schüssel schmilzt der Schneeball zuerst. Kreuzt an.

3 Erklärt das Ergebnis des Versuches aus Aufgabe **2**.

▸ _____

▸ _____

Experimente zum Schmelzen von Eis und Schnee und zum Gefrieren von Wasser durchführen; dabei die Zustandsformen von Wasser (fest, flüssig) erleben und beschreiben; Einblick in die Schrittfolgen von Experimenten gewinnen

S. 7, 10, 16

Das tut mir gut

Ich achte auf meine Gesundheit.
Ich esse viele verschiedene Lebensmittel.
Ich trinke jeden Tag genug Wasser.
Ich bewege mich viel an der frischen Luft.
Ich treibe Sport.

Wir fahren zu zweit auf einem Tan…

…dem.

1 Was tust du, damit es dir gut geht? Schreibe und male.

Einstieg in das Kapitel mit Hilfe des Bildes und des Textes: Kinder beim Picknick beschreiben, Nahrungsmittel erkennen; erfassen, dass frische Luft und gesunde Ernährung zum Wohlbefinden der Kinder beitragen; selbst ein Picknick im Freien veranstalten; Ideen entwickeln, wie und wo das Picknick stattfinden könnte

Gesund essen und trinken

1 Fülle die gelbe Spalte der Tabelle aus.

So esse und trinke ich	Das ist ☺ 😐 ☹
1. Ich esse gern:	◯
2. Ich trinke gern:	◯
3. Ich esse oder trinke jeden Tag:	◯
4. Ich esse etwa zu dieser Zeit: `07.00` Frühstück um Mittagessen um Abendessen um	◯
5. Ich esse oft so:	◯

2 Ist das gut für deine Gesundheit?
Male in die grüne Spalte der Tabelle in **1**.

Eigene Essgewohnheiten in einer Tabelle festhalten, Ergebnisse bewerten und begründen;
erkennen, dass jeder täglich verschiedene Lebensmittel essen und Getränke trinken sollte,
die der Körper braucht (zum Wachsen, um Kraft zu bekommen, als Durstlöscher)

S. 6, 8

3 Die Lebensmittel-Pyramide hilft dir, dich gesund zu ernähren.

👁 Wie viel von den Lebensmitteln
✏ solltest du essen und trinken?

Male die Farben der Pyramide
in die Kreise.

◯ wenig

◯ nicht so viel

◯ viel

4 Male oder schreibe einige Lebensmittel aus der Pyramide in die Tabelle.

Davon sollte ich wenig essen und trinken:	Davon sollte ich nicht so viel essen und trinken:	Davon sollte ich viel essen und trinken:

5 Sieh dir noch einmal die Smileys in **1** an:

👁 Ernährst du dich schon gesund oder solltest du etwas ändern?

Lebensmittel in der Pyramide benennen; die jeweilige Färbung der Pyramide erkennen, in die Kreise übertragen
und die Mengenverhältnisse klären; Beispiele aus der Lebensmittel-Pyramide in eine Tabelle eintragen,
um das Wissen zu festigen; nach Kennenlernen der gesunden Lebensmittel eigene Ernährungsweise einschätzen

 S. 2, 7, 16

31

Ich pflege meinen Körper

 1 Wie pflegt ihr euren Körper? Erzählt.

 Male oder schreibe noch dazu.

2 Wie oft solltest du deinen Körper so pflegen? Male aus.

 ■ einmal die Woche   ■ einmal täglich   ■ mehrmals täglich

 Hände waschen
Zähne putzen
Kleidung wechseln

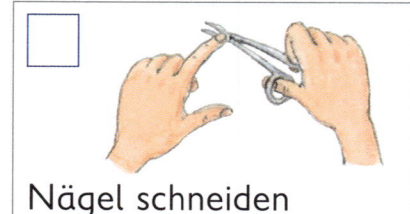 Nägel schneiden
Haare waschen
duschen

 Haare kämmen
Unterwäsche wechseln
sich waschen

Über Körperpflege als tägliches bzw. regelmäßiges Ritual sprechen, zunehmend die Verantwortung für sich selbst erfassen; Körperpflege als Gesundheits- und Wohlfühlfaktor erkennen; Zusammenhänge zwischen Körperhygiene und Gesundheit verstehen

S. 2, 8

3 Händewaschen ist sehr wichtig. Warum?
 Betrachtet die Bilder und beschreibt.

 1
 2
 3
 4

4 Ergänze die Sätze zum Händewaschen.

Nutze diese Wörter: Essen – Nase – Tier – Toilette

Ich wasche meine Hände …

1 vor jedem _____ .

2 nach dem _____ putzen.

3 wenn ich ein _____ gestreichelt habe.

4 nachdem ich auf der _____ war.

5 Warum pflegst du deinen Körper? Male und schreibe weiter.

1. Ich will nicht krank werden.	2. Ich möchte gut riechen.	3. Ich will gesunde Zähne haben.	4. Ich finde schmutzige Nägel eklig.
5.	6.	7.	8.

Erfassen, wann und warum Händewaschen wichtig ist; begründen, warum man Körperpflege betreiben sollte, z.B. um Hautkrankheiten zu vermeiden, Ungeziefer fernzuhalten (Läuse im Haar, Flöhe im Bett), Mund- und Fußgeruch zu vermeiden, Pickeln und Mitessern entgegenzuwirken

S. 2, 3, 8, 16

Meine Sinne

1 Welche Sinnesorgane brauchen die Kinder auf den Bildern? Erzähle.

2 Male die Sinnesorgane in die Rahmen.

Mit meinen [_____] kann ich sehen.

Mit meinen [_____] kann ich hören.

Mit meiner [_____] kann ich riechen.

Mit meiner [_____] kann ich schmecken.

Mit meiner [_____] kann ich fühlen und alles ertasten.

Ich kann viel besser riechen als du.

3 Schreibe diese Wörter in den Text:

Augen – Haut – Nase – Ohren – Zunge

MERKE DIR!

Mit meinen A_____, meinen O_____,

meiner N_____, meiner Z_____

und meiner H_____ nehme ich meine Umwelt um mich herum

wahr: Deshalb muss ich meine Sinnesorgane schützen.

Bilder hinsichtlich der Aufgaben der Sinnesorgane analysieren, Leistungen der Sinne benennen; in einem Merksatz die Funktion der Sinnesorgane zusammenfassen und sich Gründe für den Schutz der Organe merken

S. 3, 16

4 Wie kannst du deine Sinnesorgane schützen?
Verbinde die Bilder.

5 Testet eure Sinne. Jeder kreuzt an, wie er die Aufgaben gelöst hat:

X richtig gelöst   X teilweise gelöst   X falsch gelöst

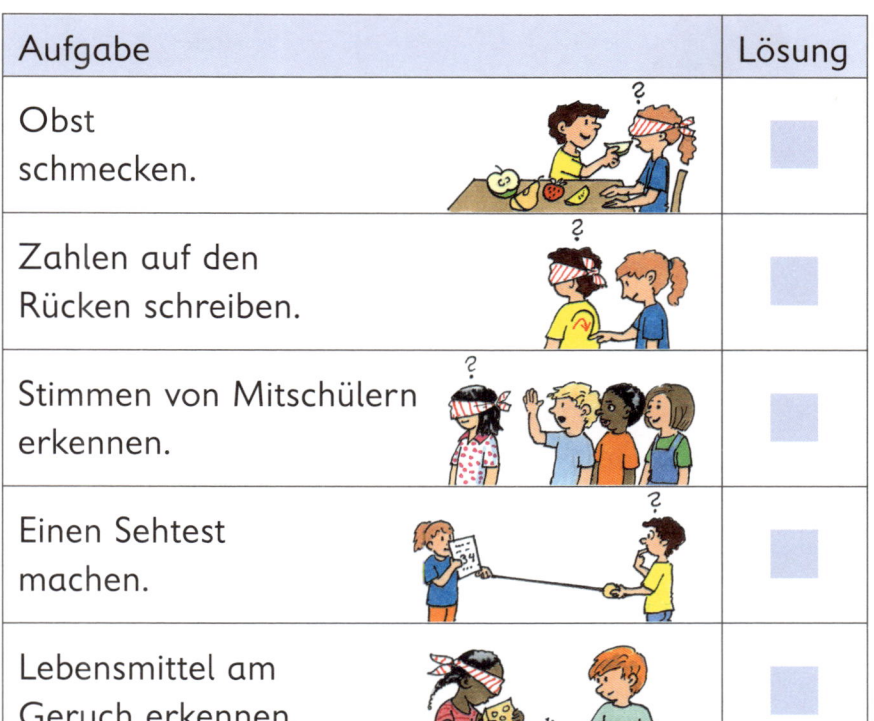

Aufgabe		Lösung
Obst schmecken.		
Zahlen auf den Rücken schreiben.		
Stimmen von Mitschülern erkennen.		
Einen Sehtest machen.		
Lebensmittel am Geruch erkennen.		

Bilder betrachten, die Beispiele dem vorbeugenden Schutz der Sinnesorgane zuordnen; Leistungen der Sinne
im Text erproben und Ergebnisse eintragen, u.a. Obst am Geschmack erkennen, Stimmen erkennen

S. 2, 8, 10, 16

Mädchen und Jungen

 1 Was können Jungen und Mädchen in ihrer Freizeit tun?
Verbinde. Schreibe oder male in das freie Feld.

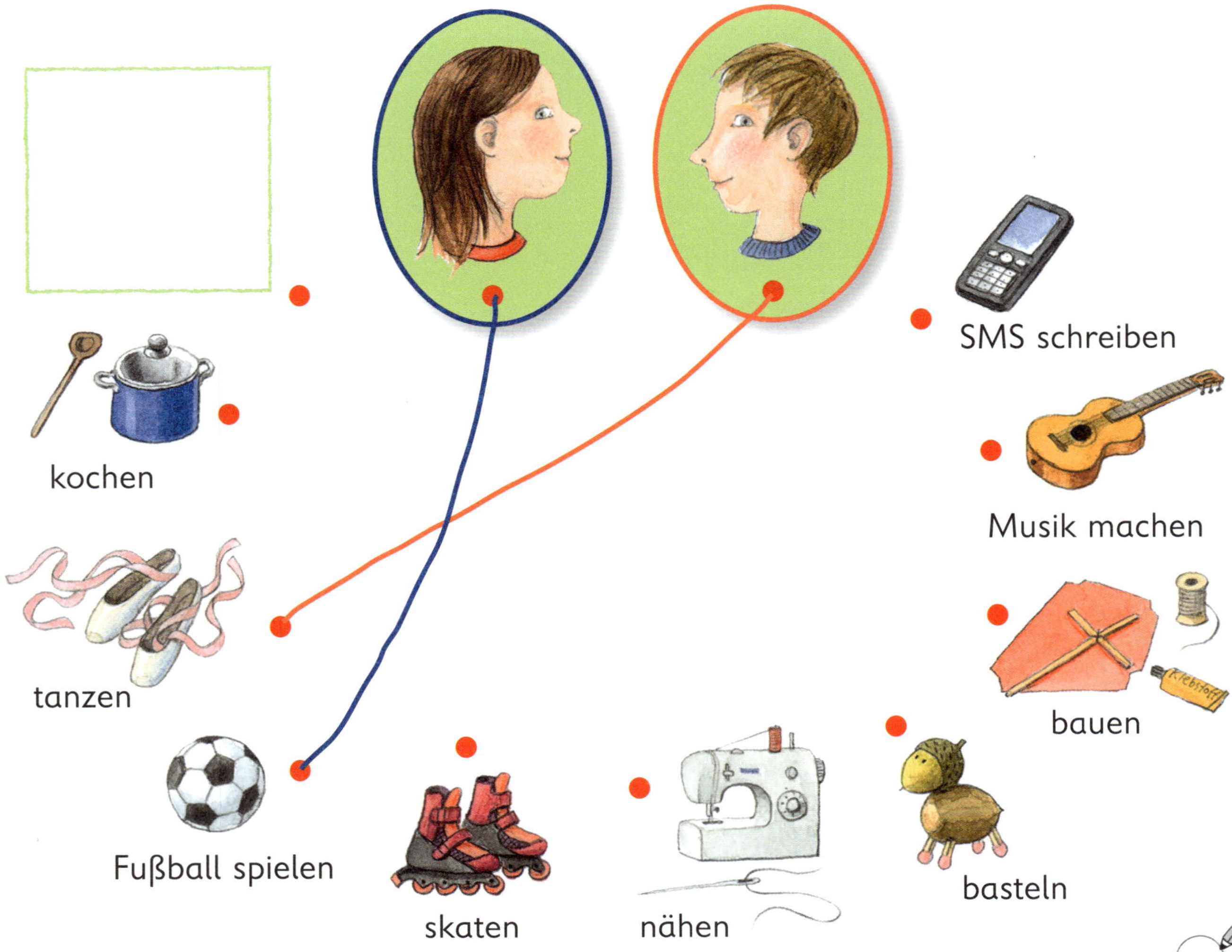

kochen

tanzen

Fußball spielen

skaten

nähen

SMS schreiben

Musik machen

bauen

basteln

2 Wie bin ich als Mädchen oder Junge?

ruhig		laut		hübsch	
ängstlich		hilfsbereit		faul	
ordentlich		lustig		sportlich	

   3 Vergleicht eure Ergebnisse von **1** und **2**.

Vermuten, was Jungen und Mädchen toll finden, gern in ihrer Freizeit tun; darüber reflektieren, was Mädchen und Jungen für Eigenschaften haben können; diskutieren, was Jungen über Mädchen denken und umgekehrt; über Rollenstereotype sprechen und Klischees aufbrechen

 S. 2

4 Fülle deinen Steckbrief aus.

Steckbrief von _____

Ich bin ein _____

Mein Geburtstag: _____

Haarlänge/Haarfarbe: _____

Augenfarbe: _____ Größe: _____ m Gewicht: _____ kg

Das mag ich an mir: _____

5 Klebe das Bild ein.
Welche Körperteile sind
bei Mädchen und Jungen gleich?
Sprecht darüber.

6 Welche Körperteile sind
bei Mädchen und Jungen unterschiedlich?
Kreise sie auf dem Bild ein.

Seite 95

Ich bin ein Hund.
Und du?

MERKE DIR!

Der Körper von Jungen und Mädchen sieht fast gleich aus.
Nur die Geschlechtsorgane sind unterschiedlich.
Jedes Mädchen und jeder Junge ist einzigartig:
Es gibt Jungen, die gern malen und Mädchen, die gern Fußball spielen.

Einen persönlichen Steckbrief schreiben, das eigene Ich akzeptieren und wertschätzen; anhand des aufgeklebten
Bildes erfassen, dass der Körperbau von Mädchen und Jungen im Wesentlichen gleich ist und sich nur durch
das Geschlechtsorgan unterscheidet; gleiche Körperteile benennen

S. 3, 7, 12, 16

37

Freundeseite

Lies auf Seite 84–85 nach. Bearbeite Seite 2.

Alle sollen mitmachen

1 Jedes Kind ist anders. Aber alle wollen zusammen spielen und lernen. Welche Hilfsmittel nutzen die Kinder?

Anna und Leonie sehen sehr schlecht.

Maria kann nicht laufen.

Tom und Noa hören sehr schlecht.

2 Auf dem Schulhof: Verbindet euch abwechselnd die Augen. Führe den „blinden Partner" zu einem Baum … Wie hast du dich als „Blinder" gefühlt?

_____

_____

_____

_____

_____

3 Gehörlose lernen die Gebärdensprache. Vermute, wie der Satz heißt.

_____ _____ _____

Körperliche Unterschiede und Beeinträchtigungen kennenlernen; Hilfsmittel für körperliche Beeinträchtigte beschreiben; Menschen mit körperlichen Beeinträchtigungen akzeptieren, tolerieren und einbinden; aus medialen Quellen Informationen zu einer Fragestellung auswählen und vorstellen.

 S. 4, 5, 6, 10

Im Frühling

Im Frühling wird es wärmer.
Auf den Wiesen blühen erste Blumen
wie Löwenzahn und Gänseblümchen.
Die Bienen und Hummeln finden dort Nahrung.
Vögel bauen ihre Nester und singen.

Endlich Frühling!

1 Beobachtet, hört und entdeckt auf einer Wiese.

Welche Farben entdeckst du auf der Wiese?

Welche Pflanzen blühen?

Welche kleinen Tiere hörst oder siehst du auf der Wiese?

Einstieg in das Kapitel mit Hilfe des Bildes und des Textes: Wiese als Lebensraum für Mensch und Pflanzen begreifen, eine Wiese in Schulnähe besuchen und dort den Lebensraum mit allen Sinnen entdecken und beschreiben; Zusammenhänge zwischen lebender und nichtlebender Natur erkennen

S. 2, 3

39

Pflanzen und Tiere auf der Wiese

1 Ergänze den Pflanzen-Steckbrief.

 Glocke – grün – lang und schmal – lila – Sommer – Wiesen

Name der Pflanze: **Glockenblume**

Farbe der Blüte:

Form der Blüte:

Blütezeit:

Farbe der Blätter:

Form der Blätter:

Das weiß ich noch über Glockenblumen:

2 Suche dir eine Wiesenpflanze aus:

Schreibe für sie einen Pflanzen-Steckbrief wie in Aufgabe **1**. Nutze Sachbücher und das Internet.

Wiesenglockenblume als ausgewählte Pflanze im Lebensraum Wiese in einem Steckbrief beschreiben;
weitere Wiesenpflanzen erkunden, bestimmen und beschreiben; nach Aufträgen mediale Medien nutzen

S. 2, 4, 12

3 Wie heißen die Wiesenpflanzen?

Male die Puzzleteile in den selben Farben an.

| Glocken | Löwen | | nelke | zahn |

| | Rot | Gänse | | blume | schnabel |

| Storch | Licht | | blümchen | klee |

4 Bienen finden in den Glockenblumen Nektar.

Suche Informationen über die Biene in Sachbüchern oder im Internet.

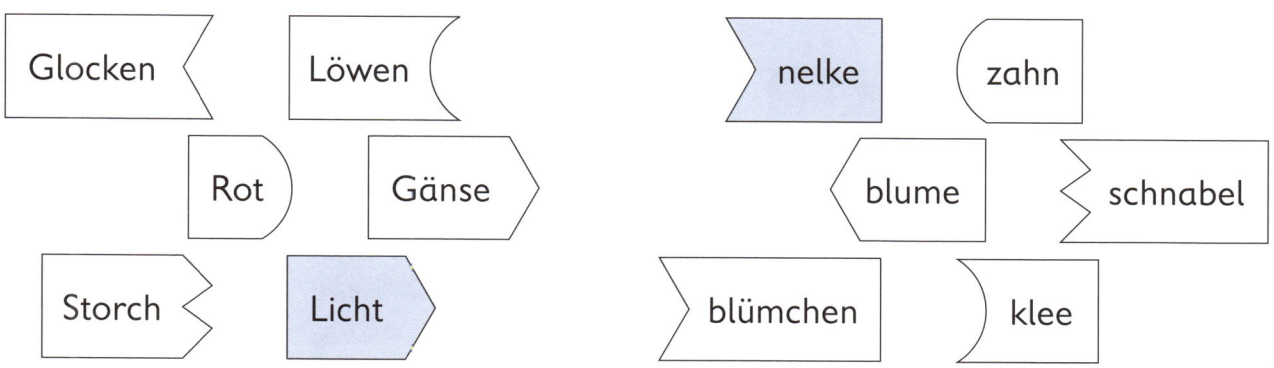

Name des Tieres:

So bewegt sie sich:

Das frisst sie:

Dort lebt sie:

Das weiß ich noch über Bienen:

5 Warum sind Bienen wichtig für uns Menschen?

Befragt einen Experten, zum Beispiel einen Imker.

Abbildungen von Pflanzen vergleichen und Wahrnehmung trainieren; Biene als Tier im Lebensraum Wiese
in einem Steckbrief beschreiben, Bedeutung der Biene erfragen und erforschen, Imker bei außerschulischem Lernen
als Beruf kennenlernen

 S. 2, 12, 15

41

Lies auf Seite 86–87 nach.  Bearbeite Seite 2.

Freundeseite

Wiesen nutzen und erhalten

1 Warum sind Wiesen wichtig? Betrachte die Fotos und erzähle.

2 Trage die Nummern der Fotos in die Kästchen ein.

Manche Wiesen heißen Weiden. Dort fressen Tiere die Wiese ab. Zum Beispiel Rinder, Pferde oder Schafe.

Auf diesen Wiesen wachsen schöne und seltene Pflanzen. Viele Tiere haben dort ihr Zuhause. Damit das alles so bleibt, stehen diese Wiesen unter Naturschutz. Du darfst dort keine Pflanzen pflücken oder Tiere stören.

Wiesen mäht der Bauer immer wieder ab. Das Gras trocknet in der Sonne und wird zu Heu. Das fressen dann Rinder, Pferde oder Kaninchen.

Auf Wiesen in der Stadt können wir spielen, picknicken oder uns ausruhen. Auch Hunde tollen dort gern herum.

3 Lies und kreuze an.

Viele Wiesen und Weiden schützen und pflegen wir, weil

☐ sie unsere Umwelt schöner machen.
☐ dort seltene Pflanzen wachsen.
☐ sie Lebensraum für kleine Tiere sind.

☐ sie Bauland für Häuser sind.
☐ man dort Pilze findet.
☐ Kinder dort spielen.

Bedeutung der Wiese für den Menschen und die Umwelt beschreiben (Futterlieferant für Tiere, Lebensraum für Pflanzen und Tiere, Schutz seltener Arten, Erholungsraum für Menschen); Maßnahmen zum Schutz der Natur benennen.

S. 2, 3, 16
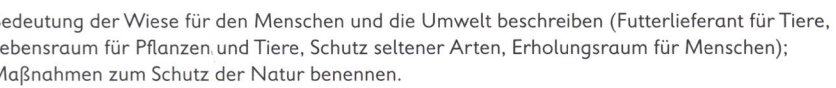

Mit Tieren leben

Der Kuckuck lebt im Wald und ruft seinen eigenen Namen.
Die Weibchen legen ihre Eier in die Nester anderer Vögel.
Die fremden Vögel brüten die Kuckuckseier aus
und ziehen die jungen Kuckucke groß.

1   Das Kuckucks-Weibchen hat ein Ei
in das Nest eines Teichrohrsängers gelegt:
Wie wird der junge Kuckuck groß?

Ist da
ein Kuckuck
drin?

1

2

3

Einstieg in das Kapitel mit Hilfe des Bildes und des Textes: Kuckuck als besonderen Vogel entdecken
und beschreiben (Aussehen, Ruf, bekanntes Lied); am Beispiel Kuckuck die Fortpflanzung und Entwicklung
von Vögeln anhand von Bildern betrachten und beschreiben.

S. 2, 3

Tiere in Bäumen und Sträuchern

1 Beschreibe und benenne die Tiere auf dem Bild.

2 Welche Tiere erkennst du auf dem Bild?
Schreibe einige Namen auf.

▸ _____
_____

▸ _____
_____

▸ _____
_____

S. 2

3 Welche Bäume und Sträucher erkennst du auf dem Bild?
Schreibe einige Namen auf.

4 Wähle ein Tier aus. Forsche nach, wie es lebt. Berichte über seine Lebensweise.

Katzen als Haustiere

1 Schreibe die Antworten auf ein Blatt Papier.

Wie sehen Katzen aus?

Was tun Katzen gern?

Wie viele Junge kann eine Katze haben?

Wo gehen Katzen aufs Klo?

Warum können Katzen nachts jagen?

Was fressen und trinken Katzen?

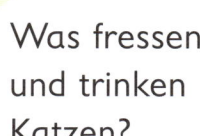
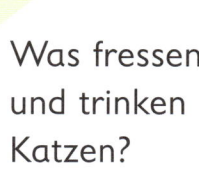

Was können Katzen besonders gut?

2 Lies den Text und ergänze diese Wörter:

gesund – kümmern – Lebewesen – Pflege

MERKE DIR!

Katzen sind _____ und kein Spielzeug.

Damit die Katze sich wohlfühlt und _____ bleibt,

müssen sich Katzenbesitzer um ihre Katze _____ .

Sie müssen viel über die _____ von Katzen wissen.

Die Katze als ausgewähltes Heimtier beschreiben (Aussehen, Lebensweise);
Maßnahmen einer verantwortungsvollen Haltung und Pflege von der Katze als Heimtier beschreiben;
über Verantwortung im Umgang mit Heimtieren reflektieren

S. 2, 3, 16

3 Was braucht eine Katze?

F _____

S _____

St _____

A _____

Katzenk _____

Tiera _____

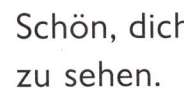

Soll ich sie streicheln?

4 Katzen „sprechen" mit ihrem Gesicht und Körper.
 So zeigen sie, was sie fühlen. Verbinde Bilder und Texte.

| Ich habe Angst. | Ich fühle mich wohl. | Ich bin wütend. | Schön, dich zu sehen. |

5 Warum sind die Pupillen der Katze mal groß  und mal klein ?
Forscht in Sachbüchern oder im Internet.

Bedürfnisse von Heimtieren am Beispiel der Katzen begreifen und benennen (Füttern, Schlafplatz, Zuneigung, Auslauf, Hygiene, Gesundheit); Körpersprache von Katzen kennenlernen, um ihr Verhalten zu interpretieren; Besonderheit der Katzenaugen erforschen

S. 2, 3, 16

Lies auf Seite 88 nach.

Bearbeite Seite 2.

Viele Heimtiere

1 Diese Heimtiere kenne ich:

Welches Tier magst du besonders?

2 Male dein Lieblings-Heimtier.

3 Verbinde jedes Heimtier mit seiner Wohnung und seinem Futter.

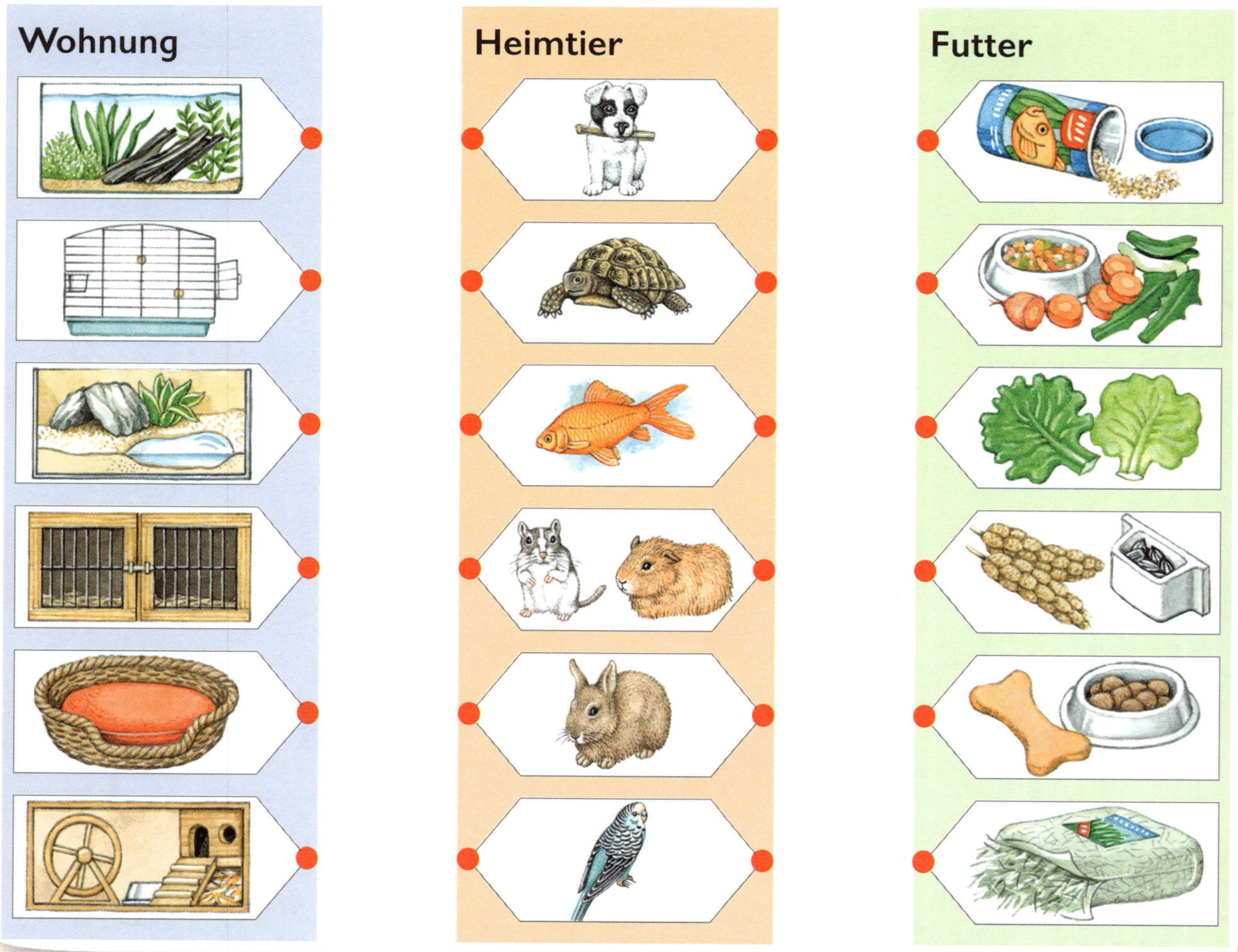

Wohnung	**Heimtier**	**Futter**

48

Ausgewählte Heimtiere (Hund, Kaninchen, Goldhamster, Meerschweinchen, Fische, Wellensittich, Schildkröte, Zwergkaninchen, Zwerghamster) erkennen und benennen; sein Lieblingstier malen; ausgewählten Heimtieren Futter und Unterbringung durch den Menschen richtig zuordnen

S. 2, 16

Wir lernen Räume kennen

Jeder kleine Ort hat ein Zentrum,
zum Beispiel einen Marktplatz.
Es gibt Wege, Straßen und öffentliche Einrichtungen.
Hier findest du viele Spuren der Vergangenheit,
wie alte Häuser, alte Brunnen,
ein Museum und vieles andere.

Das Beste? Na, unser Heimatmu…

1 Was gibt es in deinem Ort zu bestaunen?

Erzähle davon.

Einstieg in das Kapitel mit Hilfe des Bildes und des Textes: Merkmale der kleinen Stadt genau beschreiben
(Marktplatz als Mittelpunkt, die Anordnung der Häuser darum, Gebäudemerkmale, wie spitze Dächer
aus roten Ziegeln); Plätze des Heimatortes benennen und beschreiben

 S.2, 3, 9

49

Unser Klassenraum als Modell

1 Betrachtet den Klassenraum von eurem Sitzplatz aus.

Wo befinden sich wichtige Gegenstände?

links: ▸

rechts: ▸

vorn: ▸

hinten: ▸

2 Baut ein Modell eures Klassenraumes in einem Karton.

Bastelt und malt mit:

- Schachteln
- Farbstiften
- Papier
- Pappe
- Schere
- Klebstoff

3 Von jedem Gegenstand könnt ihr so einen Grundriss zeichnen:

Stellt den Gegenstand auf ein Blatt Papier.

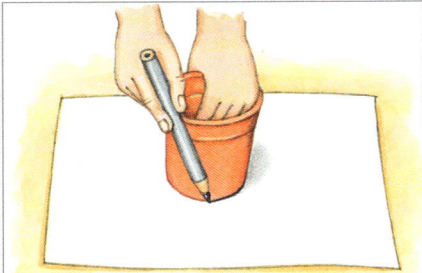

Umfahrt den Gegenstand mit einem Stift.

Entfernt den Gegenstand. Ihr seht seinen Grundriss.

Einen Raum wahrnehmen, Vorstellungen von Räumen und Formen entwickeln: die Lage von Gegenständen im Klassenraum vom Sitzplatz aus bestimmen und in Liste eintragen; mit Hilfe der Liste ein einfaches Modell des Klassenraums in einem Karton bauen; erste Vorstellungen zum Begriff Grundriss entwickeln

S. 2, 13, 16

4 Zeichne Gegenstände aus dem Klassenraum-Modell als Grundriss.
Beschrifte sie.

Tür   Tafel   Stuhl   Schrank

Und mein
Grundriss?

Tisch   Regal   Papierkorb

5 Zeichne deinen Klassenraum als Grundriss. Vergleicht eure Zeichnungen.

Vorstellungen zu Gegenständen im Klassenraum als Grundriss entwickeln; Grundrisse zeichnen;
den eigenen Klassenraum als Grundriss-Plan zeichnen; dabei die Lage der Gegenstände im Raum genau beachten

S. 2, 14, 16

51

Im Schulgelände – Was ist wo?

1 Betrachtet das Bild. Lest die Texte.
Klebt die fehlenden Bilder ein.

Im Schulhaus	links	rechts
2. Stock	Klasse 4, Computerraum	Hort, Klasse 3
1. Stock	Klasse 2 a, Bücherei	Lehrerzimmer, Klasse 2 b
Erdgeschoss	Klasse 1 a, Essensraum	Schulleiter, Klasse 1 b
Keller	Hausmeister, Sportraum	Erste Hilfe, Turnraum

2 Was ist dein Lieblingsraum in der Schule?
Male dazu.

Ein Ruheraum wäre schön.

Sich in der Schule als Lebens- und Lernraum orientieren; Anlage des Schulgebäudes;
Räume und ihre Funktionen benennen; Lagebeziehungen zwischen den Räumen erfassen;
Bilder richtig zuordnen und einkleben; über Personen in der Schule und deren Aufgaben sprechen

S. 2, 3

3 Was gibt es auch auf eurem Schulgelände?

	Schulgebäude
	Schulgarten
	Spielplatz
	Schulhof
	Schultor
	Schulstraße
	Sporthalle

4 Stellt euch vor den Eingang eurer Schule. Was seht ihr?

rechts: ▸

links: ▸

vorn: ▸

hinten: ▸

5 Geht über euer Schulgelände. Füllt die Tabelle aus.

Ich erkunde das Schulgelände

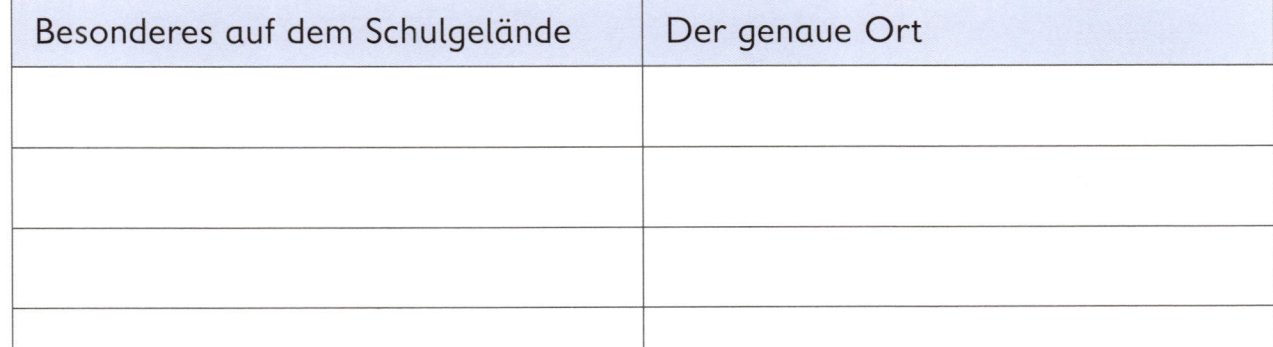

Besonderes auf dem Schulgelände	Der genaue Ort

6 Zeichne dein Schulgelände auf ein Blatt Papier.
Erkläre deine Zeichnung.

Das eigene Schulgelände räumlich erfassen (Gebäude, Gelände, Besonderheiten und deren Lage),
dazu das Muster eines Schulgeländes in Schrägaufsicht nutzen; Lage von Teilen und Gebäuden dokumentieren;
ggf. üben, ihre Lage zueinander zu bestimmen; das eigene Schulgelände zeichnen

Ein Plan unserer Schulumgebung

1 Dieses Modell zeigt eine Schule und ihre Umgebung.
Was kannst du entdecken?

Krämerstraße

Grüner Weg

Parkplatz

Sporthaus

Schulhof

Schule

Schulgarten

2 Schreibt sechs Dinge aus dem Bild auf: Gebäude, Straßen oder …

1 _____

2 _____

3 _____

4 _____

5 _____

6 _____

3 Schreibt dann die Zahlen 1 bis 6
an die Dinge im Bild.

Einzelheiten des Modells (Gebäude, …) erkennen und beschreiben: verkleinerte Darstellung wesentlicher Einzelheiten
und ihre Lage zueinander; einfache Materialien verwendet: Papier, Klebefolie (Straßen, Parkplatz, Wiese), Ostergras
(Sträucher), Filz (Beete), künstliche Zweige (Hecke)

 S.2, 7

4 So wird aus dem Modell ein Plan.

 Erzähle mit Hilfe der Bilder und Texte.

1. Das Modell in einen Karton stellen.

2. Eine durchsichtige Platte darüber legen, von oben darauf schauen.

3. Auf die Platte Grundrisse von Gebäuden und Straßen zeichnen.

 Gebäude

 Kirche

Straße, Weg

P Parkplatz

Grünfläche, Bäume

Spielplatz

Sportplatz

Schulgarten

4. Eine Legende festlegen: Sie erklärt Zeichen und Farben auf dem Plan.

5. Den Plan nach der Legende ausmalen.

5 Das ist der Plan eines Parks.

 Ergänzt die Legende. Baut dazu ein Modell.

Sp_____

B_____

Sträucher

Picknickplatz

W_____

Tennisplatz

Nachvollziehen, wie aus einem Modell der Schulumgebung ein Plan erstellt wird (Anleitung, Muster);
Modell und Plan vergleichen, Unterschiede erfassen; sich mit Hilfe von Legenden auf einem Plan orientieren
lernen; wesentliche Merkmale eines Planes erfassen; ein Modell nach einem vorgegebenen Plan bauen

 S. 2, 3, 13, 14, 16   55

Die Aufgaben von Feuerwehr und Polizei

 1 Beschreibe die Bilder. Wobei hilft die Feuerwehr?

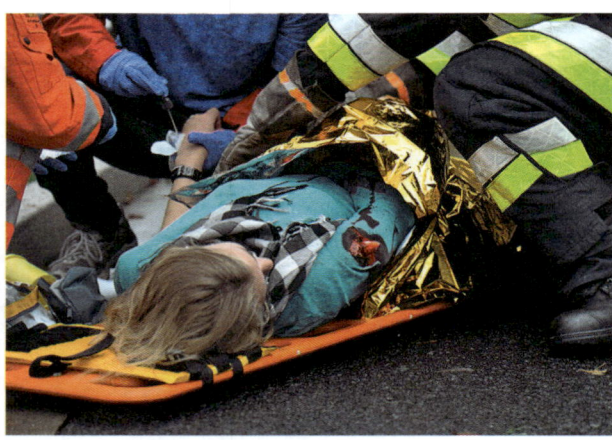

Die Aufgaben der Feuerwehr sind:

- Brände zu löschen.   - Diebe festzunehmen.

- den Verkehr zu regeln.   - Orte vor Hochwasser
                                                  zu schützen.
- Menschen aus der Not zu bergen.

- Tiere zu retten.   - umgestürzte Bäume
                                                  wegzuräumen.

2 Wie verhaltet ihr euch bei Feueralarm in der Schule?

_____

_____

_____

Vier Hauptaufgaben der Feuerwehr beschreiben (löschen, retten, bergen, schützen);
Verhalten im Brandfall an der Schule kennenlernen und einüben

 S. 2, 3

3 Woran erkennst du die Polizei in Thüringen? Ergänze im Text diese Wörter:

Blaulicht – Funkstreifenwagen – Martinshorn – Uniformen

B_____ :   M_____ :

Lichtsignale auf   Lautsprecher unter
dem Dach   der Motorhaube

Blauer   **Dunkelblaue**
F_____   **U**_____

4 Erzählt zu den Aufgaben der Polizei.

Anzeigen aufnehmen	Menschen informieren und beraten	Straßenverkehr regeln
bei Unfällen helfen	für Sicherheit sorgen	Straftaten aufklären

5 Viele Hilsorganisationen helfen Menschen in Not.

Suche Informationen und stelle sie vor.

Deutsches   Technisches   Deutsche Lebens-
Rotes Kreuz   Hilfswerk   Rettungs-Gesellschaft

Polizei in Thüringen an den blauen Uniformen und dem blauen Funkstreifenauto erkennen;
Aufgaben der Polizei beschreiben und erklären; deutsche Hilfsorganisationen mit Logo (DRK, THW, DLRG)
kennenlernen und ihre Aufgaben selbstständig erforschen

S. 2, 3

57

Aufmerksam unterwegs

1 Wie findest du das Verhalten der Menschen auf den Bildern?

Es sind auch zwei Antworten möglich.

🟥 Das ärgert mich. 🟩 Das finde ich gut. 🟨 Das ist gefährlich.

im Auto ⬜ ⬜

an der Bus-Haltestelle ⬜ ⬜

im Zug ⬜ ⬜

in der Straßenbahn ⬜ ⬜

auf der Straße ⬜ ⬜

Kann ich Ihnen diesen Platz anbieten?

Möchtest du dich setzen?

2 Wähle ein Bild aus.
Erzähle dazu.

Richtiges Verhalten (Festhalten, Anschnallen, Hilfe für Behinderte, Schwangere und ältere Menschen, helle Kleidung) als Teilnehmer im öffentlichen Verkehr (Zug, Straßenbahn, Bus), im Auto, als Fußgänger benennen und beschreiben

S. 2, 3, 16

3 Was ist passiert? Beschreibe den Unfall.

1

2

_____

_____

_____

_____

_____

_____

4 Das Kind braucht sofort Hilfe. Spielt einen Notruf nach.

Ich wähle den

NOTRUF

MERKE DIR!

1. **WO**   ist der Unfallort?
2. **WAS**   ist passiert?
3. **WIE VIELE**   Verletzte gibt es?
4. **WELCHE**   Verletzungen gibt es?
5. **WARTEN**   auf Rückfragen!

5 Helfer am Unfallort bilden eine Rettungskette. Ergänzt die Texte.

1. Nothilfe		Die Ersthelfer helfen sofort. Sie lagern den V_____ stabil.
2. Notruf		Ein Helfer ruft die [ ][ ][ ] an. Die schickt den Rettungswagen.
3. Erste Hilfe		Die Helfer wärmen und beruhigen das verletzte Kind.
4. Rettungsdienst		Sanitäter fahren das Kind ins K_____.
5. Krankenhaus		Ärzte h_____ dem verletzten Kind.

Mit Hilfe der Bilder einen Text zum Unfallgeschehen schreiben; das Absetzen eines Notrufes im Rollenspiel
umsetzen, danach auswerten; die Rettungskette kennenlernen, dazu kurze Texte ergänzen; die Wichtigkeit
der Ausbildung in Erster Hilfe begründen (die ersten zwei Glieder der Rettungskette werden gestärkt)

S. 2, 3, 9

Lies auf Seite 89–90 nach. Bearbeite Seite 2.

Freundeseite

Auf der Straße sehen und hören

1 Was bedeuten diese Verkehrsschilder, Signale und Zeichen?

▶ _____
▶ _____

▶ _____
▶ _____

▶ _____
▶ _____

▶ _____
▶ _____

▶ _____
▶ _____

▶ _____
▶ _____

2 Wähle ein Bild aus. Was musst du beachten?
Du kannst diese Wörter nutzen:

Gefahr – Sicherheit – vorsichtig

▶ _____

▶ _____

3 Gehe langsam deinen Schulwege entlang.
Zeichne ihn auf ein großes Blatt.
Trage alle Signale ein, die du siehst und hörst.

Verkehrsschilder, Signale, richtiges Verhalten im Straßenverkehr kennen und benennen;
Gefahren erkennen, Schutzmaßnahmen finden

S. 2, 3, 14, 16

Zeit und Medien

Anfang – Ende   schnell – langsam   langweilig

Kalender   Uhr   Zeit   verlorene Zeit

Baby – Schulkind   Morgen – Mittag – Abend – Nacht

Zeit vergeht wie im Flug   gestern – heute – morgen

1 Malt zu Hause eine Uhr ab.
Hängt eure Bilder im Klassenraum auf.
Was zeigen eure Uhren an?

60 Minuten sind eine …
24 Stunden sind …

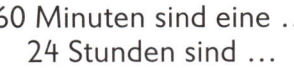

2 Wie unterscheiden sich
die drei Kalender?
Kreuze den Monatskalender an.

Einstieg in das Kapitel mit Hilfe des Bildes und des Textes: Wecker und Sanduhr als Zeitmesser beschreiben;
Bücher und Zeitschriften als Medien erkennen; über Zeitmesser und Medien im eigenen Haushalt berichten;
eine Uhr abmalen; Uhrzeiten ablesen; Kalender als Zeitmesser erkennen

S. 2, 3, 7, 16

61

Festtage im Jahr

1 Klebe die Bilder ein. In welchem Monat wird das Fest gefeiert?

Seite 95	Seite 95	Seite 95

Kindertag im   Sankt Martin im   Ostern im

Juni

Seite 95	Seite 95	Seite 95

Fasching im   Silvester im   Weihnachten im

Seite 95		

Tag der deutschen Einheit

im _____

2 Trage zwei weitere Festtage in die leeren Felder der Aufgabe **1** ein.

3 Setze diese Wörter in den Text ein.

Fasching – Festtage – Jahres – Ostern – Weihnachten

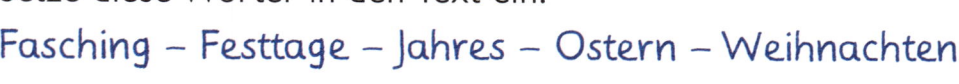

Im ganzen Jahr feiern wir F_____. Einige Festtage sind immer

am gleichen Tag des _____: der Tag der deutschen Einheit

oder _____. Es gibt aber auch Festtage, die jedes Jahr

an einem anderen Tag sind: _____ und _____.

Magst du das auch?

wichtige Festtage als politische, religiöse und kulturelle Orientierung im Kalender kennenlernen und benennen; Bildsymbole zu Festtagen erkennen und selbst entwerfen, Unterschied zwischen festen und flexiblen Festen verstehen.

S. 2, 3, 16

4 In über 145 Ländern auf der Welt feiern Kinder den Kindertag.
Wie feierst du diesen Tag?

▶ _____

▶ _____

▶ _____

5 Was wünschst du den Kindern der Welt zum Kindertag?

▶ _____

▶ _____

▶ _____

▶ _____

▶ _____

▶ _____

▶ _____

▶ _____

Den Kindertag als internationales Fest für Kinderrecht kennenlernen;
über eigene Erlebnisse am Kindertag erzählen und Wünsche für andere Kinder auf der Welt formulieren

S. 16

63

Wir nutzen Medien

1 Jeden Tag nutzt du viele Medien. Benenne die Medien.
Erkläre, wozu du die einzelnen Medien brauchst.

 ☐

 ☐

 ☐

_____

_____

_____

 ☐

 ☐

 ☐

_____

_____

_____

2 Welche Medien aus Aufgabe **1** nutzt du? Male farbig aus.

oft: jeden Tag   wenig   selten/nie

3 Trage die Medien aus Aufgabe **1** in die Tabelle ein.
Wieviele Kinder nutzen das Medium oft, wenig, nie? (卌)

Mediennutzung in unserer Klasse

Medien	oft 🟥	wenig 🟨	selten/nie 🟩
Computer			

Verschiedene Medien nennen; eigene Medienerfahrungen und -gewohnheiten benennen;
sich über den Medienkonsum mit anderen austauschen, dazu Tabelle anlegen;
Nutzen und Wirkung von Medien beschreiben; Gefahren durch Medien

 S. 2, 6, 7

4 Meine Lieblingssendung im Fernsehen:

Meine Lieblingssendung heißt:

Sie ist meine Lieblingssendung, weil

5 Lena möchte ein eigenes Handy.
Was sagt ihre Familie dazu?
Schreibe auf ein Blatt Papier. Sprecht
über die unterschiedlichen Meinungen.

eigene Medienerfahrungen und -gewohnheiten wie Lieblingssendungen benennen; Gefahren von Medien
anhand der Anschaffung eines Handys besprechen; Möglichkeiten von Medienangeboten für das Lernen,
die Kommunikation und Freizeitgestaltung erkennen und wie man mit diesen sinnvoll umgeht

S. 8, 16

65

Freundeseite

Lies auf Seite 91 nach. Bearbeite Seite 2.

Wir lernen mit Medien

1 Welche Medien gibt es an deiner Schule?
Forsche nach.
Schreibe in eine Tabelle.

Medien in der Schule

Medium	Nutzung
Schulbuch	Lesen und Lernen

2 Ein Bild ist ein Medium.
Dieses Bild hängt in einer Schule. Was erzählt es dir?

Wir lernen zusammen.

3 Ein Buch ist ein Medium.
Die Kinder wollen in der Bibliothek ein Sachbuch ausleihen.
Welchen Weg müssen sie gehen?

Medien seiner Schule entdecken, benennen und ihren Nutzen begreifen; Bilder als Medium kennenlernen, aus denen man Informationen herauslesen kann; Bücher und Kategorie Sachbuch beschreiben; öffentliche Einrichtung für Mediennutzung und -ausleihe, die Bibliothek, benennen und beschreiben

S. 2, 3, 6, 8

Im Sommer

Die Sonne strahlt heiß. Baden im kühlen Wasser macht Spaß.
Auf Flüssen und Seen fahren Boote und Schiffe.
Und das Wasser trägt auch kleine Papierboote.

1 Führe das Experiment durch. Schreibe ein Protokoll.

Schwimmen und sinken?

Du brauchst:
- ein großes Glas
- eine Flasche Sprudelwasser
- Rosinen

Gehe so vor:
- Gieße Sprudelwasser in das Glas
  bis eine Fingerspitze unter den Rand.
- Setze den Deckel als „kleines Boot" auf das Wasser.
- Lege vorsichtig einige Rosinen in das „Boot".
  Lasse auch einige Rosinen ins Wasser fallen.
- Was passiert?

Einstieg in das Kapitel mit Hilfe des Bildes und des Textes: Bildbestandteile beschreiben;
über eigene Sommererlebnisse mit Wasser und Booten berichten;
Problemstellung „Schwimmen und sinken Gegenstände?" erfassen und Lösungen finden

S. 2, 3, 10

67

Wir experimentieren mit Wasser und Gegenständen

1

Was schwimmt und was sinkt?

Ihr braucht:
- eine große Schüssel
- Wasser
- kleine Gegenstände

Gehe so vor:
- Vermutet und kreuzt an:
  Was schwimmt, was sinkt?
- Setzt die Gegenstände nacheinander vorsichtig auf das Wasser. Kreuzt eure Beobachtung an.

Gegenstand		Wir vermuten		Wir beobachten	
		sinkt	schwimmt	sinkt	schwimmt
1	Papierschiff				
2	Radiergummi				
3	Holzstück				
4	Stecknadel				
5	Büroklammer				
6	Ball				
7	Tafelschwamm				
8	Korken				
9	Kugel aus Knete				
10	Boot aus Knete				

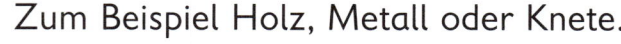

MERKE DIR!

2

Gegenstände bestehen aus verschiedenen Stoffen.
Zum Beispiel Holz, Metall oder Knete.
Ob ein Gegenstand im Wasser schwimmt oder sinkt,
hängt ab von:
  ... dem Stoff, aus dem er besteht (Holz, Metall, Knete ...).
  ... seinem Gewicht (leichter oder schwerer als das Wasser).
  ... seiner Form (flach, eckig, rund ...).

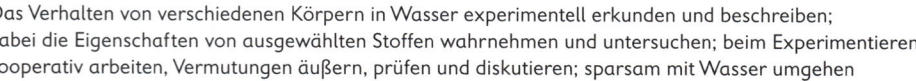

Das Verhalten von verschiedenen Körpern in Wasser experimentell erkunden und beschreiben;
dabei die Eigenschaften von ausgewählten Stoffen wahrnehmen und untersuchen; beim Experimentieren
kooperativ arbeiten, Vermutungen äußern, prüfen und diskutieren; sparsam mit Wasser umgehen

S. 10, 16

3 Führt das Experiment durch. Kreuzt die Ergebnisse in der Tabelle an.

Welche Stoffe lösen sich in Wasser?

Ihr braucht:
- fünf Gläser
- Wasser
- fünf Teelöffel für Gartenerde, Salz, Zucker, Waschpulver, Öl

Geht so vor:
- Vermutet und kreuzt an: Welche Stoffe lösen sich und welche nicht?
- Füllt fünf Gläser mit kaltem Wasser.
- Gebt in jedes Glas einen Löffel des Stoffes und rührt um.
- Beobachtet und kreuzt an.

Stoffe	Wir vermuten		Wir beobachten	
	löst sich	löst sich nicht	löst sich	löst sich nicht
1 Salz				
2 Zucker				
3 Waschpulver				
4 Erde				
5 Speiseöl				

4

Welche Stoffgemische kannst du trennen?

Ihr braucht:

Geht so vor:
- Stellt zwei Mischungen her. Nutzt warmes Wasser.

Wasser mit Würfelzucker

Wasser mit Nudeln

- Vermutet: Wie könntet ihr die Mischungen trennen?
- Versucht sie zu trennen.
- Schreibt ein Protokoll. Nutzt den Wegweiser.

Eigenschaften von Stoffen in Bezug auf Löslichkeit experimentell untersuchen und benennen; wasserlösliche und wasserunlösliche Stoffe kennenlernen; Alltagsmaterialien zum Experimentieren nutzen; sparsam und sorgsam mit Wasser und Stoffen umgehen

S. 6, 10, 11, 16

69

Wir untersuchen Stoffe

1 Was passiert mit den Gegenständen? Probiere aus und beobachte.

1 Gummiband ziehen	**2** Softball zusammendrücken	**3** Knetmasse formen
4 Haarreif ins Haar setzen	**5** Draht biegen	**6** Teig in Kuchenform backen

2 Ergänze den Merksatz:

elastisch – Form – Form – formbar – Haarreif – Knete – Teig

MERKE DIR!

Gummiband, Softball und _____ sind _____.

Sie nehmen wieder ihre alte _____ an.

_____, Draht, _____ sind _____.

Sie behalten die _____, die du ihnen gibst.

3 Untersuche und entscheide:

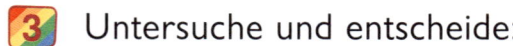

 formbar   elastisch

Flummi ☐   Papierfigur ☐   Schnur ☐   Schwimmflossen ☐

Eigenschaften von Stoffen in Bezug auf Elastizität und Formbarkeit experimentell erkunden und beschreiben; Begriffe „elastisch" und „formbar" unterscheiden; Werkstoffe und Gegenstände (Knete, Draht, Ball usw.) durch Betrachten und Fühlen vergleichen

S. 2, 3, 7, 8, 16

4 Führt das Experiment durch und kreuzt an.

Welche Gegenstände zieht ein Magnet an?

Ihr braucht:

- einen Stabmagneten
- zehn Gegenstände

Geht so vor:

- Haltet den Magneten an jeden Gegenstand.
- Beobachtet und kreuzt die Gegenstände an, die der Magnet anzieht.

 Nagel

 2-Cent-Stück

 Murmel

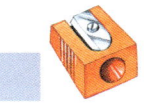 Spitzer

 Korken

 Radiergummi

 Nähnadel

 Büroklammer

 Stein

 Schere

5

Was ist in eurer Schule magnetisch?

Ihr braucht:

- Stabmagneten
- Gegenstände:
  Tafel, Kreide, Buch …

Geht so vor:

- Führt die Untersuchung durch.
- Tragt die Ergebnisse in die Tabelle ein.

Stoffe mit Magneten untersuchen

Gegenstand	magnetisch	nicht magnetisch
Buch		X

Feststellen, dass ein Magnet bestimmte Körper anzieht, andere abstösst; Magnetismus als Eigenschaft von Stoffen
experimentell erkunden und wahrnehmen; Ergebnisse in einer Tabelle erfassen

S. 2, 7, 8, 10

71

Wir trennen unseren Müll

1 Hausmüll besteht aus verschiedenen Stoffen.
Male den Müll in den Farben aus. Nutze manchmal auch zwei Farben.

- ■ Gartenabfall
- ■ Papier/Pappe
- ■ Glas
- ■ Plastik
- ■ Metall
- ■ Wolle
- ■ Holz
- ■ Staub

2 Welcher Müll gehört in diese Tonnen? Schreibe Beispiele auf.

_____   _____   _____   _____

_____   _____   _____   _____

_____   _____   _____   _____

3 Fragt in der Schule.
Zeigt eure Ergebnisse
an der Pinnwand.

Wer holt den Müll ab?

Wohin kommt der Müll?

Was passiert mit dem Müll?

Die Bedeutung von Mülltrennung erfassen und beschreiben;
Beispiele für sortenreines Sortieren von Abfallstoffen (Glas, Papier, Biomüll, Plastik und Metall) benennen

S. 2, 7, 15

4 Wie könnt ihr Müll vermeiden?
Ergänzt die Sätze. Sprecht über eure Ideen.

Statt Plastiktüten

_____

Statt kaputte Dinge
wegzuwerfen

_____

Statt Wegwerfflaschen

_____

Statt Batterien

_____

Statt Schulbrot in Alufolie
oder Plastiktüte

_____

Statt immer neue Packungen
zu kaufen

_____

5 Aus vielen Abfällen könnt ihr etwas Neues
basteln. Male deine Idee.

Meine Idee

Dieses Huhn aus Müll
hat die Künstlerin
Barbara Franc gestaltet.

Maßnahmen zur Müllvermeidung benennen und eigenes Verhalten dazu reflektieren;
Verhaltens- und Gesprächsregeln bei Diskussion um die Müllvermeidung einhalten;
Wiederverwertung von Müll kennenlernen und eigene Ideen dazu entwickeln

S. 3, 7, 16

73

Was Luft alles kann

1 Was haben die Bilder mit Luft zu tun?

Probiere selbst aus.

Wiegt Luft viel oder wenig?

2 Was kann Luft noch? Male oder schreibe Beispiele:

eine Kerze löschen, Haare trocknen, ein Segelboot antreiben …

3 Erkläre deine Beispiele.

Mit Hilfe von Fotos die Wirkung von Luft beschreiben, ausprobieren: Luft nimmt Raum ein, lässt sich einfangen, z. B. in Seifenblasen, Luft kann etwas tragen, Luft hat Kraft, überträgt Düfte, kann in Bewegung versetzt werden; eigene Erfahrungen dazu einbringen, zeichnen und/oder schreiben, die Phänomene erklären

S. 2, 9, 16

4 Führt zwei Experimente durch. Beobachtet.

Wir erforschen die Eigenschaften von Luft

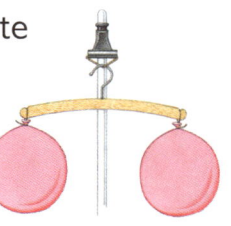

Experimente	Was passiert?
• Hängt zwei gefüllte Luftballons an einen Kleiderbügel. • Lasst aus einem Luftballon die Hälfte der Luft ab. Hängt ihn wieder an den Bügel.	_____ _____ _____ _____

Experimente	Was passiert?
• Stülpt einen Luftballon über das Ende einer leeren, eisgekühlten Glasflasche. • Stellt die Flasche in heißes Wasser. • Stellt die Flasche in kaltes Wasser.	1. _____ _____ _____ 2. _____ _____ _____

5 Bastelt ein Windspiel.

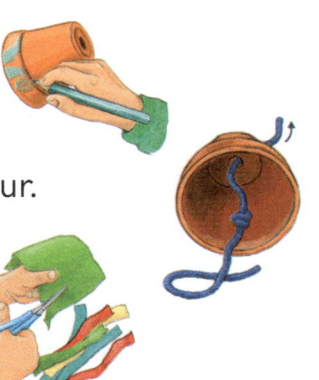

Ihr braucht:
- Blumentopf
- dicke Schnur
- Klebstoff
- Krepp-Papier
- Schere
- Farbstifte

Geht so vor:
- Bemalt den Topf.
- Macht einen großen Knoten an einem Ende der dicken Schnur. Steckt das andere Ende von innen durch das Loch.
- Schneidet lange, schmale Streifen Krepp-Papier.
- Klebt die Streifen Krepp-Papier innen an den Rand des Topfes.
- Hängt das Windspiel draußen auf. Beobachtet die Papierstreifen.

Eigenschaften der Luft (Raum, Gewicht, Ausdehnung) aus Versuchen ableiten und nennen;
Gefahrensituationen bei Experimenten erkennen und vermeiden;
Luftbewegungen an einem selbst gebastelten Windspiel beobachten

 S. 2, 10, 11, 16

75

Wie entstehen Geräusche, Töne und Klänge?

1 Geräusche, Töne und Klänge entstehen durch bewegte Luft.

Was hörst du bei diesen Ereignissen?

Ich höre:		

_____	_____	_____

_____	_____	_____

2 Denkt euch eine Geschichte mit Geräuschen aus.
Erzählt die Geschichte und erzeugt dazu passende Geräusche.

3 Ergänze den Text.

> **MERKE DIR!**
>
> Geräusche, Töne und Klänge entstehen, wenn L_____ schwingt.
>
> Das nennen wir Schall. Der Schall breitet sich unsichbar in der Luft aus.
>
> Wir hören Schall als Donner, _____
>
> _____ .

An Bildern erkennen, dass Schall durch bewegte Luft entsteht, Menschen ihn hören: Donner (durch Blitz erhitzte Luft),
nachmachen: Pfeifen (durch gespitzte Lippen geblasene Luft), ins Megaphon sprechen (Gerät verstärkt Schall),
Bäume rauschen (durch Wind bewegt), Töne/Klänge (durch Blasen von Luft in Flöte, Trillerpfeife)

S. 2, 3, 9, 16

4 Schall breitet sich aus. Führt dazu ein Experiment durch.
Bittet einen Erwachsenen um Hilfe.

Wir machen Schall sichtbar

Ihr braucht:

Teelicht   Handtrommel   Schlägel

Geht so vor:

• Vermutet: Was werdet ihr sehen?

• Was habt ihr beobachtet?

• Erklärt es.

5 Beantwortet eine der Fragen:

1. Wie entsteht ein Echo ?
2. Wie findet die Fledermaus ihre Beute?

Forscht dazu in Büchern und im Internet nach.
Schreibt eure Antwort auf ein Blatt Papier.

Experiment zur Schallausbreitung durchführen, Ergebnisse protokollieren und darüber sprechen;
Erklärungen für weitere Phänomene in der Natur finden, dazu in Büchern und im Internet nachforschen
(z. B. zur Echoentstehung oder zur Echoortung bei Fledermäusen)

S. 2, 3, 10, 11, 16

77

Lies auf Seite 92 – 94 nach.

Bearbeite Seite 2.

Angenehme und unangenehme Geräusche

Nö, bitte nicht die Hundepfeife!

1 Welche Geräusche hörst du gern? Schreibe auf.

_____

2 Laut und leise: Was ist besser für deine Ohren?
Kreuze die Bilder so an: laut leise

In der Schule

Unterwegs sein

In der Freizeit

3 Forsche nach und kreuze an.

Fragen	ja	nein
Können Wale tiefe Töne über Hunderte von Kilometern hören?		
Finden Fledermäuse ihre Beute durch Töne, die wir nicht hören können?		
Kannst du die Töne einer Hundepfeife hören?		
Können Katzen ihre Ohren in verschiedene Richtungen bewegen?		

Angenehme Geräusche für sich benennen; Unterschiede zwischen lauten und leisen Geräuschen
in verschiedenen Situationen erkennen und beschreiben; Gefahren von Lärm wahrnehmen;
unterschiedliche Hörleisttungen von Lebewesen vergleichen (Fledermaus, Hund, Katze, Wal).

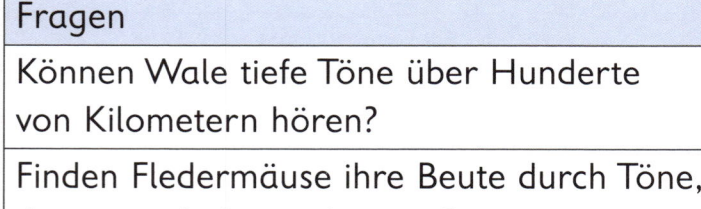

S. 2, 3, 7, 16

Sachwissen

Wenn du das Sachwissen eines Kapitels gelesen hast, kannst du das Bild ausmalen.

Lies das Wichtigste nach. Wiederhole und merke es dir.

3   In der Schule

39   Im Frühling

11   Im Herbst

43   Mit Tieren leben

17   Miteinander leben

49   Wir lernen
     Räume kennen

21   Im Winter

61   Zeit und Medien

29   Das tut mir gut
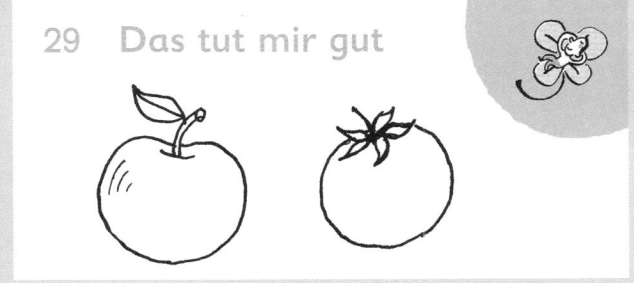

67   Im Sommer

In der Schule

Lernen: **allein,** **miteinander,** **voneinander**	Die Menschen lernen das ganze Leben lang: Gleich nach der Geburt beginnt ein Baby zu lernen. Bald unterscheidet es Personen und versteht Wörter. Es lernt laufen und sprechen. Ein Kind kann schon viel, wenn es in die Grundschule kommt. Dort lernt es lesen, schreiben, rechnen und vieles mehr.

Manches lernt man allein.	Anderes lernt man besser gemeinsam mit anderen.
 einzeln	 mit Partnern  in der Gruppe

Mitgestalten **in der** **Lerngruppe**	Wer mitgestalten will, kann zum Beispiel in der Gruppe Aufgaben übernehmen. Man kann Vorschläge machen, mit den anderen Probleme besprechen und gemeinsam lösen.  Die Gruppen beraten zum Beispiel, wie sie einen Streit schlichten können. Es soll keine Sieger und Verlierer geben.
Regeln **für das** **Zusammen-** **leben**	Regeln legen fest, wie Menschen miteinander umgehen und sich verhalten sollen. Wenn man Regeln einhält, wird das Zusammenleben leichter. Bei Gesprächen helfen zum Beispiel diese Regeln:

 Hört einander zu und lasst andere ausreden.	 Sprich klar und deutlich.	 Beleidige niemanden.

Im Herbst

Laubbäume

Laubbäume haben flache Blätter mit Blattadern. Man nennt die Blätter auch Laub. Laubblätter, Früchte und Samen der Laubbäume unterscheiden sich.

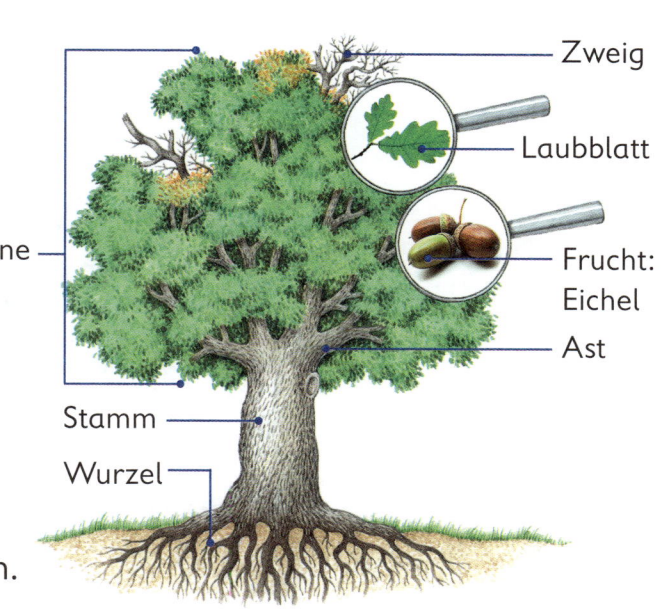

Zweig

Laubblatt

Frucht: Eichel

Ast

Krone

Stamm

Wurzel

	Eiche	Linde	Ahorn	Kastanie
Laub-blätter				
Früchte				

Nadelbäume

Nadelbäume haben längliche Blätter. Man nennt die Blätter Nadeln. Die Früchte der Nadelbäume heißen Zapfen. Sie enthalten die Samen. Blätter, Früchte und Samen der Nadelbäume unterscheiden sich.

	Fichte	Kiefer	Lärche
Nadeln			
Zapfen			

Miteinander leben

Heimat

Der Ort, in dem du zu Hause bist, ist dein Heimatort.
In deinem Heimatort kennst du Straßen, Häuser, Plätze.
Du kennst Menschen, hast Freunde und feierst Feste.

Jeder Heimatort hat Besonderheiten. Viele Menschen
lieben ihren Heimatort. Einige sind im Heimatort geboren
oder leben schon lange dort. Manche ziehen weg.
Wieder andere ziehen zu. Für sie wird der neue Ort
zur neuen Heimat.

Feste und Bräuche

Viele Feste habe ihren Ursprung in alter Zeit.
Fasching, Ostern, Weihnachten, Silvester …

Sie sind meist mit Bräuchen verbunden: sich verkleiden,
Ostereier suchen, Geschenke überreichen, Raketen
knallen lassen. Manche Festtage gibt es erst seit wenigen
Jahren, zum Beispiel den „Tag der deutschen Einheit".

Im Winter

Vögel: Haussperling	Der Haussperling ist ein kleiner Singvogel. Er wird auch Sperling oder Spatz genannt. Sein Ruf ist „Tschilp". Männchen und Weibchen unterscheiden sich deutlich in ihrem Federkleid. Sperlinge sind gesellig. Im Winter kommen sie zum Futterhaus. Dort fressen sie vor allem Körner. Sie brüten 3 bis 4-mal im Jahr. Ihr Nest bauen sie gern in kleinen Höhlen einer Wand oder unter einem Dach.

Männchen

Weibchen

Wetter- erscheinungen	Sonnenschein, Bewölkung, Wind, Hitze, Kälte und Niederschlag sind Wettererscheinungen. Niederschlag ist Wasser in flüssiger oder fester Form. Er fällt als Regen, Schnee, Hagel oder Graupel auf die Erde. Er setzt sich auch als Tau oder Reif an Dingen ab.
Wetterzeichen	Das Wetter kann man beobachten und in Wettertabellen aufschreiben. Dazu nutzt man verschiedene Zeichen.

sonnig   heiter   wolkig   bedeckt   Regen   Schnee   Hagel

Das tut mir gut

Gesunde Ernährung

Es ist gesund, sich abwechslungsreich zu ernähren. Die Pyramide hat Ampelfarben. Sie zeigen, wovon man viel und wovon man weniger essen sollte.

Ein gesundes Frühstück gibt Energie und macht fit für den Tag. Wer fit ist, kann besser denken.

Rot: Stopp! Wenig

Gelb: Achtung! Nicht so viel

Grün: Los geht's! Viel

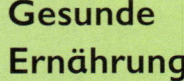

Körperpflege

Eine regelmäßige Körperpflege ist wichtig. So bleibt man gesund und fühlt sich wohl.

Hände waschen Nägel schneiden baden, duschen, Haare waschen Haare kämmen

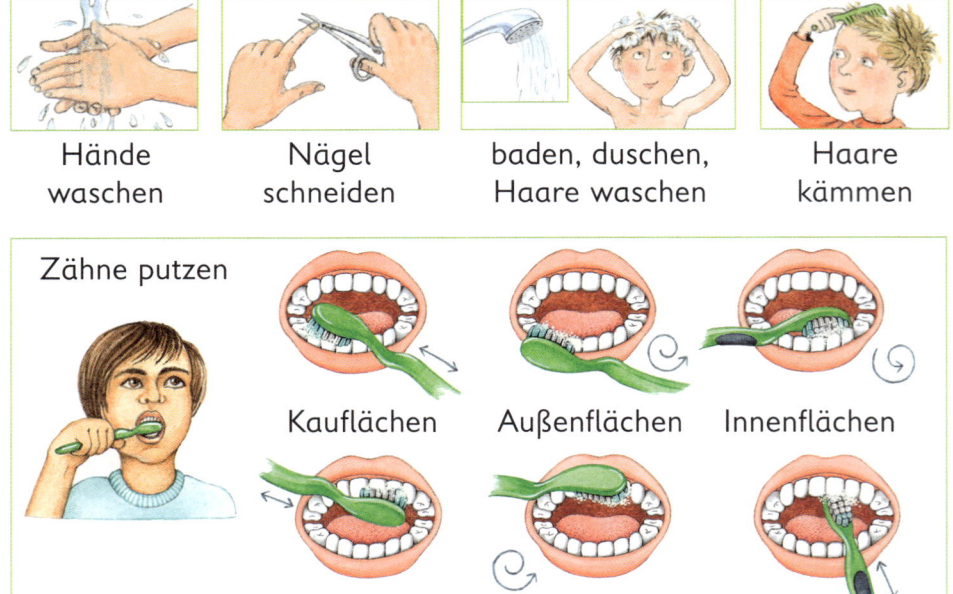

Zähne putzen

Kauflächen Außenflächen Innenflächen

Das tut mir gut

Meine Sinne	Wir erfassen unsere Welt mit Sinnesorganen.

 Wir sehen Farben, Formen und Bewegungen. Die Größe und Entfernung von Gegenständen können wir abschätzen.

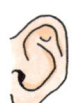 Wir hören Stimmen, Geräusche, Töne und Klänge: laut – leise, tief – hoch, nah – fern. Wir erkennen auch aus welcher Richtung Laute kommen.

 Wir riechen angenehme und unangenehme Gerüche: süßlich, sauer, blumig, brenzlig …

 Wir schmecken süß, salzig, sauer, bitter und umami. Umami bedeutet fleischig und herzhaft, wohlschmeckend.

 Mit der Haut fühlen wir: hart – weich, glatt – rau, kalt – heiß, nass – trocken. Unsere Haut spürt zarte Berührungen und ist schmerzempfindlich.

Ich bin ich

Jeder Mensch ist einmalig.

Jedes Kind unterscheidet sich vom anderen:
wie es aussieht, wie es denkt und sich verhält,
was es gut kann oder nicht so gut kann.

Im Frühling

Lebensraum Wiese

Die Wiese ist Lebensraum für viele Pflanzen und Gräser. Auf der Wiese leben auch verschiedene Tiere.

1	Marienkäfer	2	Löwenzahn	3	Tagpfauenauge
4	Schnecke	5	Gänseblümchen	6	Hummel
7	Glockenblume	8	Biene	9	Margerite

Nutzen von Wiese

Die Wiese ist nützlich für Pflanzen, Tiere und Menschen:

Erholung für Menschen

Futter für Tiere

Lebensraum und Schutz für Pflanzen und Tiere

Heuernte als Futter für Tiere

Im Frühling

Pflanzen auf der Wiese	Wiesen sehen ganz verschieden aus. Im Frühjahr wächst auf einer Wiese das Gras in die Höhe.

Auch Löwenzahn ,

Gänseblümchen ,

Rotklee und

Glockenblume blühen.

Wird die Wiese gemäht, wachsen die Pflanzen schnell wieder nach, denn ihre Wurzeln bleiben in der Erde stecken.

Tiere auf der Wiese

Auf einer Wiese leben viele kleine Tiere:
Bienen, Hummeln, Schmetterlinge, Käfer …
Auch Spinnen und Ameisen findet man dort.

Die Biene fliegt von Blüte zu Blüte.
Sie saugt Nektar und sammelt Blütenstaub.
Damit bestäubt sie die Blüten.

Mit Tieren leben

Tiere in Bäumen und Sträuchern

Bäume und Sträucher sind Lebensraum für viele Tiere. Hier können sie sich verstecken, Futter finden und Nester bauen.

Specht in einer Bruthöhle

Igel im Versteck

Eichhörnchen beim Fressen

Hauskatzen

Hauskatzen gibt es in verschiedenen Größen und Fellfarben. Sie leben zusammen mit dem Menschen und werden von ihm versorgt.

Sie brauchen:

Schlafplatz

Futter und Wasser

Katzenklo

Tierarzt

Auslauf

Bei guter Pflege können sie 15 bis 20 Jahre alt werden. Hauskatzen zeigen ihre Gefühle. Sie schnurren, wenn sie sich wohlfühlen. Bei Angst oder Wut machen sie einen Buckel, fauchen und knurren.

Wir lernen Räume kennen

Klassenraum: vom Bild zum Plan

Das ist ein Blick in den Klassenraum der 2a:

Der Klassenraum von oben:

Der Klassenraum als Plan:

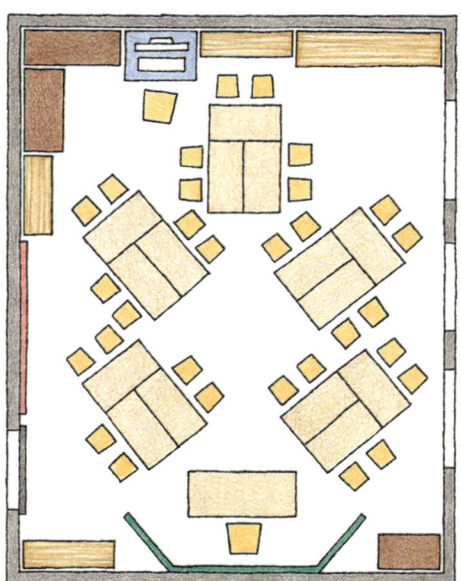

Rechts ist ein Plan vom Raum der Klasse.
Die wichtigsten Gegenstände sind als farbige Grundrisse in den Plan gezeichnet.
Damit man den Plan verstehen kann, braucht man eine Zeichenerklärung: die Legende.

Legende:

Tisch
Stuhl
Schrank
Regal
Pinnwand
Computerplatz
Tafel

Wir lernen Räume kennen

**Schul-
umgebung**

Das ist das Luftbild einer Schule und ihrer Umgebung.

Der Plan zeigt die Schule und die Schulumgebung.

Man sieht:

① Schulgebäude
② Schulhof
③ Sportplatz
④ Straße

**Öffentliche
Einrichtungen**

Öffentliche Einrichtungen sind Gebäude und Plätze,
die alle Menschen eines Ortes nutzen können.

Kinder-garten	Schule	Schwimm-bad	Polizei	Kranken-haus
Feuerwehr	Theater	Rathaus	Museum	Sportplatz

Zeit und Medien

Zeit vergeht	Die Zeit steht niemals still. Was jetzt passiert, ist die Gegenwart. Was vorbei ist, liegt in der Vergangenheit. Was kommen wird, liegt in der Zukunft. Ein Kalender gibt eine Übersicht über die Zeit. Er hilft, Termine zu planen: zum Beispiel Geburtstage, Feiertage, Schulferien …  
Festtage im Jahr	In einem Jahr gibt es viele Festtage. • Familienfeste (Geburtstag …) • religiöse Feste (Weihnachten …) • sonstige Feste (Tag der Deutschen Einheit …) Die meisten Festtage sind im Kalender genannt. Manche Feste haben immer dasselbe Datum (Neujahr, Weihnachten, Tag der Deutschen Einheit …), bei anderen wechselt es (Fasching, Ostern …).
Medien	Medien informieren über etwas. Beispiele für Medien: 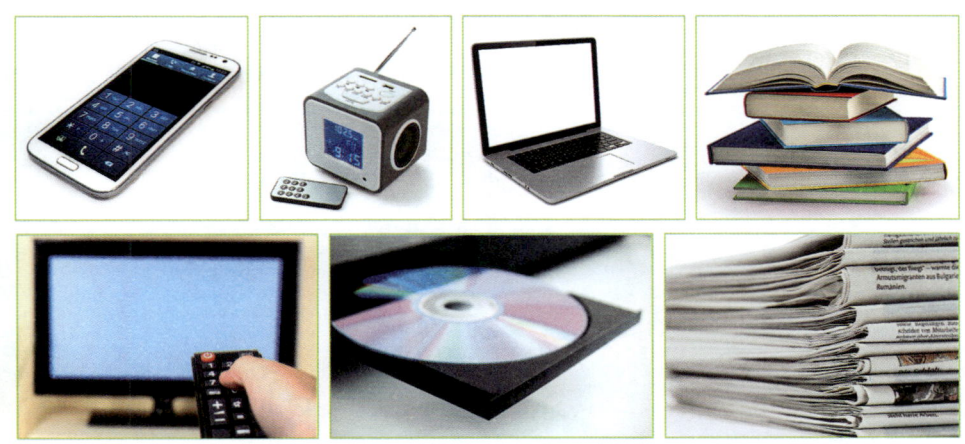

Im Sommer

Schwimmen und sinken

Manche Gegenstände schwimmen, andere sinken.
Du kannst dir merken:

Ob ein Gegenstand im Wasser schwimmt, ist abhängig
- von seinem Gewicht
  (schwerer oder leichter als das Wasser) und
- von seiner Form
  (rund, flach, eckig …) und
- vom Stoff, aus dem er besteht
  (Holz, Metall, Knete …).

Wasser

Flüssiges Wasser ist farblos und durchsichtig.
Man kann es nicht riechen oder schmecken.

Manche Stoffe …

… sind in Wasser löslich.   … lösen sich nicht in Wasser.

Viele Stoffe lösen sich leichter in heißem Wasser und
wenn man sie zerkleinert.

Im Sommer

Elastische und formbare Stoffe	Elastische Stoffe verändern ihre Form, wenn man auf sie drückt oder an ihnen zieht. Danach kehren sie wieder in ihre alte Form zurück. Sie sind elastisch. 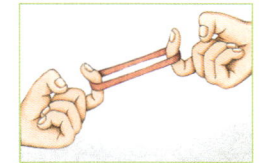  Formbare Stoffe verändern ihre Form, wenn man sie knetet, biegt, drückt. Sie behalten die neue Form. 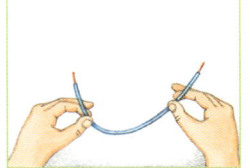 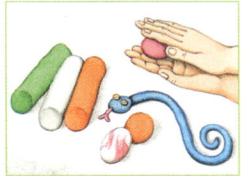
Magnetische Stoffe	Nägel, Nadeln, Schlüsselring, Teile am Fahrrad, am Auto … sind magnetisch, weil sie Eisen enthalten.  Stabmagnet Manche Gegenstände kann man magnetisch machen. Dafür muss man mit einem Ende des Magneten mehrmals in dieselbe Richtung über sie streichen. 
Abfall	Müll sollte man trennen und in unterschiedlich farbigen Tonnen sammeln. Die Müllabfuhr holt den Müll ab. Einen Teil des Hausmülls kann man wiederverwerten: Aus Glas, Papier, Kunststoff und Metall werden neue Dinge gemacht. Der Restmüll wird meist verbrannt. Abfälle mit umweltschädlichen Stoffen nennt man Sondermüll. Das sind zum Beispiel Batterien. Sie dürfen nicht in den Hausmüll. WENIGER MÜLL = UMWELTSCHUTZ

Im Sommer

| **Luft** | Die Erde ist von Luft umhüllt. Luft ist ein Gemisch aus verschiedenen Gasen. Menschen, Tiere und Pflanzen brauchen Luft zum Leben. Luft kann man nicht sehen, riechen und schmecken. |

Luft hat Eigenschaften:

Sie braucht Platz.	Sie hat ein Gewicht.	Sie steigt bei Wärme auf.	Sie verbreitet Gerüche.

Sie trägt.	Sie bremst.	Sie hat Kraft.	Sie treibt an.

| **Schall** | Schall sind Klänge, Töne, Geräusche oder ein Knall. Zupft man eine Gitarrensaite, beginnt die Luft zu schwingen. Der Ton breitet sich durch die Luft aus. Menschen und Tiere hören ihn mit den Ohren. Lärm ist lauter Schall. Er schadet den Ohren. |

Zum Ausschneiden

für Seite 14

für Seite 37

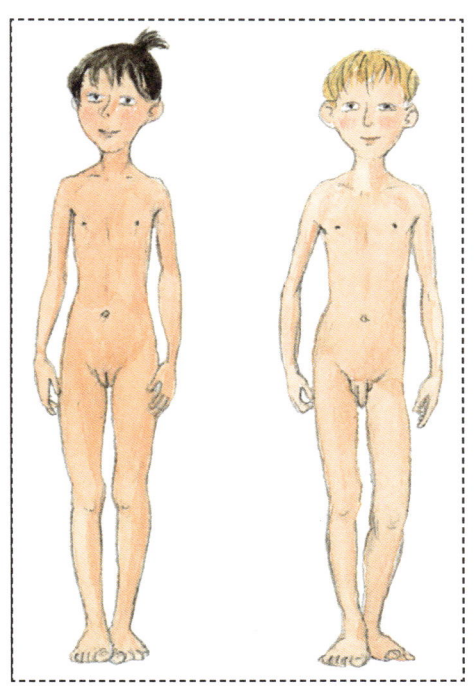

für Seite 52

für Seite 62

Für Lehrkräfte: Übersicht zur Lehrplanpassung

Lernbereiche	Seiten im Arbeitsheft 1	Seiten im Arbeitsheft 2
Lebewesen und Lebensräume		
• Mensch	18–19, 27–32, 60	29–38, 78
• Tiere	13, 24–25, 35, 37–40, 52–53	11, 21–23, 41–42, 43–48
• Bäume und Sträucher	11–12, 14, 52–53	12–16, 44–45
• Lebensraum Wiese	33–36	39–42
Natur und Technik		
• Wetter, Wasser, Luft, Schall, Stoffe	21–23, 26, 52–53, 57–60	24–25, 28, 67–78
Raum und Zeit		
• Individuum in Raum und Zeit	3–4, 7–9, 20, 41–53, 56	8–10, 26, 49–55, 61–63
• Schule als sozialer Lebensraum	3–7, 10	3–7, 38
• Heimat als regionaler Lebensraum	20, 42–43	17–20, 26–27
Individuum und Gesellschaft		
• Individuum in der öffentlichen Gemeinschaft	3–9, 15–17, 44–48	3–10, 27, 56–60
• Institutionen lokaler und regionaler Gemeinschaften	16, 40, 46–47, 54	56–57
• Individuum und Medien	54–56	61, 64–66